卜多力的一生

グスコーブドリの伝記

[日]宫泽贤治 著
张秋明 译

中信出版集团·北京

图书在版编目（CIP）数据

卜多力的一生 /（日）宫泽贤治著；张秋明译．-- 北京：中信出版社，2017.8

（掌上小剧场）

ISBN 978-7-5086-7127-7

Ⅰ.①卜… Ⅱ.①宫… ②张… Ⅲ.①童话－作品集－日本－现代 ②诗集－日本－现代 Ⅳ.①I313.88 ②I313.25

中国版本图书馆 CIP 数据核字（2017）第 037520 号

卜多力的一生

著　　者：[日] 宫泽贤治
译　　者：张秋明
出版发行：中信出版集团股份有限公司
（北京市朝阳区惠新东街甲 4 号富盛大厦 2 座　邮编　100029）
承 印 者：上海盛通时代印刷有限公司

开　　本：787mm×1092mm　1/32　　插　　页：9
印　　张：8.5　　字　　数：133 千字
版　　次：2017 年 8 月第 1 版　　印　　次：2017 年 8 月第 1 次印刷
广告经营许可证：京朝工商广字第 8087 号
书　　号：ISBN 978–7–5086–7127–7
定　　价：45.00 元

服务热线：400-600-8099
投稿邮箱：author@citicpub.com

胸怀宇宙者，不论所在之处是否为穷乡僻壤，也终能成为超越地域性的存在。住在岩手县花卷地区的诗人宫泽贤治恰好就是少数胸怀宇宙之人。而他自创的“伊哈托布”一词，正是借由他内心的宇宙所呈现出来的世界之全貌。

——高村光太郎（1883—1956，诗人）

他的诗歌中包含了无法入诗的东西。这些东西并非不足，而是过剩。也就是说，他非但不是不够充分的诗人，反倒是太过于诗人了。宫泽贤治的天才在于把不能入诗的东西强力地纳入了诗中。

——谷川彻三（1895—1989，哲学家）

如果要说现在的日本诗坛有谁是天才的话，我以个人名誉保证这个人绝对是宫泽贤治。即使将他置于世界一流诗人之列，他也绝对能够散发出异常的光芒。他的存在赋予我力量。对我来说，仅仅是他的“存在”本身便已值得庆幸。

——草野心平（1903—1988，诗人）

宫泽贤治降生于一片被周期性的自然灾害侵袭、临近三陆海岸的寒冷土地上。他那总是不禁对于降临在别人身上的灾祸和不幸感同身受的善良性格，都不得不说是决定他的人生与作品的宿命源头。

——宫泽清六（1904—2001，宫泽贤治之弟）

宫泽贤治特别了不起的地方是他的视线。当我们以为贤治的视线追逐着微生物世界时，下一瞬间却移动到太阳系、银河系乃至全宇宙，而刹那间，他的视线又转移到了基本粒子世界。他那双眼睛就像变焦镜头一样，拥有从极小到极大随意调整的机能。

——青木新门（1937—　，作家、诗人）

虽然不曾亲眼见过他，但是从他所写的东西、所经历的事情就可以了解到这个人有多么伟大。身为一位创作者，他展现了丰富的表现力。我觉得自己也是靠着某种信念来支持我的创作，而宫泽贤治先生始终是在前面引导我方向的那个人。

——宫崎骏（1941—　）

目录

童话

诗歌

Miyazawa

Kenji

童　话

猫 咪 事 务 所

……关于一个小小公家机关的幻想……

“可是事务长对我那么亲切，其他的偎灶猫也都以我能在事务所工作为傲，因此就算再怎么难受我也不能辞职。我一定能熬得过的。”偎灶猫边哭边握紧了拳头。

猫的第六事务所位于轻轨铁道车站附近。这里的主要业务是调查猫的历史和地理。

因为书记官都身穿黑缎短袍，十分受敬重，所以只要一有书记官离职，周遭的年轻猫群都争先恐后地想取而代之。

可是这间事务所的书记官定额是四名，最后只有从众多候选人中挑出字写得最漂亮又懂得诗词的佼佼者。

事务长是只大黑猫，虽然有些岁数了，但是眼睛等地方就像绷着好几圈的铜线般，显得气宇轩昂。

他的下属有：

一等书记官的白猫、

二等书记官的虎斑猫、

三等书记官的花猫、

四等书记官的偎灶猫。

所谓的偎灶猫，可并非天生就是如此。与原本的毛色是什么样无关，而是因为他们夜里喜欢窝在大灶里睡觉，搞得浑身都是煤灰，尤其是鼻子和耳朵沾有黑色煤块，看起来就像是狸猫一样，所以这名字才会被叫开来。因此其他猫都很嫌弃偎灶猫。

不过在这间事务所里，因为事务长是黑猫，照理说无论再怎么会读书识字也不可能成为书记官的偎灶猫，还是能从四十人之中雀屏当选。

宽敞的办公室里，黑猫事务长坐镇在铺有红色呢绒的桌前，右边依序是一等书记官的白猫、三等书记官的花猫。左边是二等书记官的虎斑猫和四等书记官的偎灶猫，分别端坐在各自小桌前的椅子上。

至于先前提到猫的地理、历史，究竟是怎么一回事？

其实是这样子的——

事务所的门“咚咚咚”地响起。

“进来。”黑猫事务长将手插进口袋，官架子十足地大喊。

四个书记官都埋头忙着翻阅手上的记事本。

奢侈猫走了进来。

“有什么事？”事务长问。

“我想到白令地方吃冰河鼠，哪里最好呢？”

“嗯。一等书记官，你来说说冰河鼠的产地。”

一等书记官摊开蓝色封面的大型记事本回答：“有乌苏特拉戈梅纳、诺巴斯凯亚、富沙河流域。”

事务长对着奢侈猫说：“有乌苏特拉戈梅纳、诺巴……刚刚是怎么说的？”

“诺巴斯凯亚。”一等书记官和奢侈猫同时回答。

“没错，诺巴斯凯亚，接下来还有哪里？”

“富沙河。”因为又是奢侈猫和一等书记官一起回答，事务长似乎有点难为情。

“没错没错，富沙河。我想那些地方应该不错。”

“请问关于旅行有什么该注意的呢？”

“嗯，二等书记官，你来说说到白令地方旅行的注意事项。”

“是。”二等书记官翻着自己的记事本回答，“夏猫完全不适合旅行。”

不知道为什么，这时大家的眼光都盯着偎灶猫看。

“冬猫也必须特别留意才行。在函馆附近，可能有被马肉骗上钩的危险。尤其是黑猫，除非旅行途中充分表明自己是猫，否则往往会被误认是黑狐而遭到死命的追捕。”

“很好，说得没错。阁下跟我们一样，因为不是黑猫所以没什么好担心的，顶多就是在函馆要对马肉有所警戒。”

“说的也是。请问那里有哪些名流呢？”

“三等书记官，你来说几个白令地方名流人士的名字吧。”

“是的，我看看，白令地方……有了，有托巴斯基、冈佐斯基，共两名。”

“请问叫作托巴斯基和冈佐斯基的都是些什么样的人呢？”

“四等书记官，你来大致描述一下托巴斯基和冈佐斯基吧。”

“是。”只见四等书记官的偎灶猫，早已经将他那两只短手各压在大记事本中记载托巴斯基和冈佐斯基的位置等着。这让事务长和奢侈猫都深表赞许。

至于其他三名书记官，则很不以为然地斜眼发出一声冷笑。偎灶猫认真地读出上面记载的内容。

"托巴斯基，酋长，德高望重，目光炯炯有神但语速较慢。冈佐斯基，资本家，语速缓慢但目光炯炯有神。"

"是嘛，我知道了。谢谢。"

奢侈猫说完便走了出去。

就像这样，这里对猫而言是很方便的地方。不料这件事之后才过半年，第六事务所就被废除了。至于原因，相信各位也已经注意到了：四等书记官的偎灶猫总是被上面三名书记官嫌弃，尤其是二等书记官虎斑猫一直都很觊觎偎灶猫的工作。偎灶猫为了赢得大家的喜爱下过各种功夫，却仍改变不了现状。

比方说有一天中午，虎斑猫把便当拿出来放在桌上要吃时，突然很想打哈欠。

于是，虎斑猫用尽吃奶的力气高高举起两只短手，打了一个好大的哈欠。这在猫群里面算不上是对上司失礼的行为，换作是人类社会简直是捋虎须般的举动。这也还不打紧，要命的是他双脚一使劲儿，差点踢翻桌子，便当盒就这样滑了下去并且一路滑到事务长的桌前。因为是铝制便当盒，虽然碰撞得有点凹凸不平，倒也没碰坏。这时虎斑猫赶紧停止打哈欠，从桌上伸出手来想要拿回便当盒。但无论他怎么伸长手总是差那么一点点，只见便当盒滑过来又滑过去，却始终没能够着。

“你呀，这样是不行的。根本够不着嘛。”黑猫事务长抱着看热闹的心情一边啃着面包一边笑着说。这时四等书记官的偎灶猫正好打开便当盒盖，看到这情形立刻起身，捡起便当盒打算交还虎斑猫。不料虎斑猫突然暴怒，不但没有接下偎灶猫递上来的便当盒，还故意将双手往后退，激烈地摇晃身体怒斥：“干什么？难不成你是要我吃这个便当吗？你要叫我吃这个从桌上掉到地上的便当吗？”

“不是的。因为看到你想要捡起来的样子，所以我帮你捡了起来。”

“我什么时候想要捡起来了？哼，我只是觉得掉到事务长桌前很失礼，所以才想推到自己的桌子底下。”

“是这样的吗？我是看到便当盒一下子滑过来这边一下子

滑过去那边，所以……”

“真是失礼。我要跟你决斗……”

“停停停停！”事务长放声大喊。他是为了阻止决斗的发生才出面制止的。

“不行，你们不要再吵了。毕竟偎灶猫君也是为了让虎斑猫君吃饭才帮忙捡的，不是吗？对了，我早上忘了说，虎斑猫君今后的月薪多加十钱。”

虎斑猫原本一脸凶恶地垂着头听劝，这时才高兴地笑了出来。

“真是不好意思，吵到各位了。”然后他眼睛盯着隔壁的偎灶猫，坐了下来。

各位，我其实是很同情偎灶猫的。

接着过了五六天，又发生类似的事情。之所以经常发生这种事，一方面是因为猫的生性懒散，另一方面则是因为猫的前脚，也就是双手太短的关系。这一次的对手是三等书记官花猫。早上开始工作前，他的笔滚落到地板上。要是花猫立刻站起来也就没事了，偏偏他懒得起身，跟上次虎斑猫一样，身体趴在桌上拼命地往前想要捡起笔来。这一次他同样也没能够着。因为花猫长得特别矮小，身体不断往前挪动的结果，就是双脚终于腾空脱离了椅子。由于上次发生过那样的事，偎灶猫不知道要不要帮忙捡，只好先眨着眼睛在一旁静观其变。最后，他还是看不下去而站了起来。

说时迟那时快，花猫因为身体过于前倾以至于整个儿翻了过去，从桌上跌了下来。由于发出很大的声响，吓得黑猫事务长跳了起来，赶紧从后面的柜子里取出定神用的氨水瓶。没想到花猫一站起来便大发雷霆怒斥道："偎灶猫，你居然敢推我！"

这一次事务长立刻上前安抚花猫。

"不是的，花猫君，你搞错了。偎灶猫君只是好意地站起来，完全没有碰到你。不过呢，这种小事，根本也没什么嘛。好了，那个山东堂的迁居申请，我来看看……"事务长立刻埋首办公。花猫没办法也只好开始工作，但仍不时地用恶狠狠的眼光瞪着偎灶猫。

就是因为这样，假灶猫的日子过得很辛苦。

假灶猫也想当一只正常的猫咪，好几次尝试睡在窗外，可是到了半夜实在冷得受不了而打喷嚏，不得已仍躲进了炉灶里。

之所以那么怕冷是因为皮太薄了，而之所以皮薄是因为出生在土用日[1]的缘故。“果然是我命不好，这也是没办法的事呀。”假灶猫心想，一双圆滚滚的眼眶积满了泪水。

“可是事务长对我那么亲切，其他的假灶猫也都以我能在事务所工作为傲，因此就算再怎么难受我也不能辞职。我一定能熬得过的。”假灶猫边哭边握紧了拳头。

不料就连那样的事务长也靠不住了。谁叫猫这种生物看似聪明，实则愚蠢。有一天假灶猫感冒了，股关节肿得跟碗一样大，根本无法走路，只好休息一天没去上班。假灶猫着实懊恼极了，整天哭个不停，望着从库房小窗口照进来的黄色光束，不停地揉着眼睛哭泣。

---

1 土用乃立春、立夏、立秋、立冬的前十八天，为季节转换时期，故有各种禁忌。

这时候事务所的光景是这样子的。

“咦！今天假灶猫怎么还没来？都这么晚了。”事务长利用工作的空闲时间开口问。

“搞不好是去海边玩了吧。”白猫说。

“我看是被谁叫去参加宴会了吧。”虎斑猫说。

“今天哪里有宴会吗？”事务长惊讶地问，他好奇自己怎么可能没被邀请参加猫的宴会。

“好像有听他说过北方在举办开学典礼。”

“是吗？”黑猫若有所思地沉默不语。

“不知道为什么，”花猫开口说，“假灶猫最近老是受到邀请。后来才知道那是因为他居然到处跟别人说自己要当事务长了。所以那群笨蛋才会吓得拼命拍他马屁。”

“真有这种事吗？”黑猫怒吼。

“当然是真的。不信你去查呀。”花猫嘟着嘴回应。

“太不像话了。亏我那么照顾他。好吧，我也有我的想法。”

然后事务长便闷不吭声了许久。

到了第二天，假灶猫终于消肿了，所以一早便很高兴地冒着呼啸的狂风来到事务所上班。谁知平常总是一进办公室就要抚摩一番的记事本竟从自己的桌上消失，分散到对面和隔壁的三张桌子上。

“是呀，昨天应该很忙吧。”假灶猫难掩七上八下的心情，声音沙哑地自言自语。

咔哒一声，花猫开门走了进来。

“早安。”假灶猫起身打招呼，但花猫却没有回应地坐了下来，然后假装很忙碌地翻阅记事本。咔哒砰的一声，虎斑猫走了进来。

“早安。”假灶猫起身打招呼，但虎斑猫连看都没看他一眼。

“早安。”花猫开口了。

“早呀，好大的风啊！”虎斑猫也立刻开始翻阅记事本。

咔哒啪啦的一声，白猫走了进来。

“早安。”虎斑猫和花猫异口同声地打招呼。

“哎呀，早安。风好大呀！”白猫也假装很忙碌似的开始准备工作。这时假灶猫无力地站在一旁行礼，但白猫一副视若无睹的样子。

咔哒砰的一声。

“呼！真是好强的风啊！”黑猫事务长走了进来。

“早安。”三人立刻起身鞠躬。偎灶猫则是茫然地站在一旁，低着头行礼。

“简直就是暴风嘛！”黑猫无视偎灶猫的存在，边说边开始工作。

“好的，继续昨天的工作，你们得回答我关于安摩尼克兄弟的调查结果。二等书记官，安摩尼克兄弟之中是谁去了南极？”

大家开始工作了，偎灶猫却还是不发一语地低着头。因为他的记事本没了。他很想说什么，可是发不出声音来。

“是潘·波拉里斯。”虎斑猫回答。

“很好。请详细说明潘·波拉里斯这个人。”黑猫说。

“啊！那是我的工作。可是记事本，我的记事本……”偎灶猫心想着，简直快哭了出来。

“潘·波拉里斯从南极探险回来的路上，死于耶兹布岛的海上，遗体被海葬了。”一等书记官白猫读着偎灶猫的记事本回答。偎灶猫难过得脸颊开始发酸，但他还是低着头强忍着不让自己哭出声来。

事务所里大家忙得跟滚烫的开水一样，工作也颇有进展。大家偶尔会偷偷瞄他一眼，但仍什么话也不说。

就这样到了中午。偎灶猫没有吃带来的便当，始终低着头将双手垂放在膝盖上。

到了下午一点，偎灶猫开始啜泣。一直到傍晚的三个小时里，他哭了又停、停了又哭。

尽管如此，大家还是装作若无其事的样子，工作得很起劲。

就在这个时候，猫群们没有注意到，一颗威严的金色狮子头出现在事务长背后的窗口。

狮子似乎很纳闷地观察了一下事务所里面，然后冷不防地推门走了进来。猫群吓得不知所措、满地乱跑，只有偎灶猫立刻停止哭泣，站直了身体。

狮子语气坚定地大声说：“你们在干什么？这样搞出来的

地理、历史有什么用！都不要做了，我命令你们解散！”

就这样，事务所被废除了。

我倒是有一半赞同狮子的做法。

大提琴手高修

他甩了一下头，又坐回椅子上，像老虎、猛狮般努力演奏白天的乐谱。他翻着乐谱，一边演奏一边思考，拼命演奏到最后，再继续从头开始，一次又一次地反复练习。他一直演奏到三更半夜，几乎已经搞不清楚拉琴的人是否是自己。

高修在镇上的戏院负责拉大提琴，可惜风评不怎么样——还不只是不怎么样，而是整团乐手当中琴艺最差的，所以备受团长的苛责。

中午过后，大家在后台围成一圈，练习预定下次在镇上音乐会要表演的《第六号交响曲》。

小号拼命地高歌。

两把小提琴发出轻盈如风的乐声。

竖笛也在一旁帮腔。

高修双唇紧闭、眼睛充血地一边看着乐谱一边专心演奏。

过了一会儿，团长突然双手用力一拍，大家立刻停止演奏。团长大声怒斥：

“高修拖拍了。嗒滴滴、滴滴滴哩，从这里开始演奏。好，开始！”

大家从稍微前面的段落重新演奏。高修也涨红着脸，满头大汗地演奏完刚才被指责的段落。他正兀自松一口气继续演奏下去时，团长又拍手了：

“高修！走音了。真是伤脑筋。我可没有闲工夫从Do、

Re、Mi、Fa 开始教你！”

大家都很同情高修，纷纷刻意低头假装看着自己的乐谱或调整乐器。高修赶紧调弦。说实在的，高修的琴艺固然不好，但这把大提琴也很糟糕。

“从前面的小节开始。好，开始！”

大家又开始演奏，高修也歪着嘴巴努力跟上，这一次倒是持续了许久，正觉得情况不错时，只见团长又气急败坏地用力击掌。高修以为又是自己的错，吓得不敢动。还好是别人。就像刚才其他人的动作一样，高修也赶紧故意将脸靠近乐谱，装出若有所思的样子。

“接着刚才的小节继续演奏。好，开始！”

大家才刚齐声奏乐，怎知团长又顿足咆哮。

“不行不行！完全不协调！这一段可说是整支曲子的心脏，你们却演奏得如此参差不齐。各位，离演出只剩不到十天，打着音乐专业招牌的我们要是输给那些打铁、卖糖人家的小鬼们凑起来的乌合之众，到时候你们的面子要往哪儿放啊。我说高修，你也真是让人伤脑筋，就连表情也都不对。

无论是生气还是高兴的感情都没有表现出来，而且跟其他乐器也无法搭配，感觉就像是踩着一双连鞋带都没系好的鞋子跟在大家后面，真是糟糕。拜托你振作一点！要是声名远播的金星音乐团因为你一个人而坏了名声，看你怎么对得起大家！今天就先练习到这里，回去休息吧。明天六点再准时回到戏院练习。”

大家一同行礼后，有的人拿出火柴点燃香烟，有的人立刻走了出去。高修抱着那个跟破箱子一样的大提琴往墙边一靠，抿着嘴默默地流起了眼泪，然后又振作起精神，独自一人从头开始练习。

那天深夜，高修背着巨大的黑色包裹回到自己家里。说是家，其实只不过是位于小镇尽头、靠近河边的一间破水磨坊。高修孤零零地一个人住在那里，上午到磨坊附近的田里修剪西红柿枝叶、给甘蓝菜除虫，一直待到中午过后才出门。高修进屋后点亮灯火，打开了黑色包裹——里面也没什么，就是那个他从傍晚开始一直拉的大提琴。高修将大提琴轻轻放在地板上后，立刻从橱柜里拿出杯子，舀起水桶里的水拼命地喝。

他甩了一下头，又坐回椅子上，像老虎、猛狮般努力演奏白天的乐谱。他翻着乐谱，一边演奏一边思考，拼命演奏到最后，再继续从头开始，一次又一次地反复练习。

他一直演奏到三更半夜，几乎已经搞不清楚拉琴的人是否是自己。他的脸涨红，眼睛也布满血丝，眼看他走火入魔的神情，仿佛整个人随时都要昏过去。

这时突然听见背后有敲门的声音。

“是赫许君吗？”高修精神恍惚地高声询问。怎知悄悄推门进来的是之前见过五六次的一只大花猫。

花猫气喘吁吁地将摘自高修田里的半熟西红柿放在他面前说：“哎呀，好累呀，搬东西还真是辛苦。”

“这是怎么回事？”高修问。

“这是送你的礼物呀，请用。”花猫回答。

高修将白天受的气一股脑儿地全发了出来，怒呛道：“谁要你拿西红柿过来的！而且我为什么要吃你带来的东西？再说这西红柿还是我田里种的。什么？你居然摘下还没变红的西红柿。之前咬烂西红柿秧、破坏我田地的就是你吧？还不给我滚蛋，臭猫！”

然而花猫只是耸耸肩膀、眯着眼睛，嘴角露出微笑说：“师傅呀，不要那么生气嘛。气坏了对身子不好。不如拉一支舒曼的《梦幻曲》给我听听吧。”

“少在那里装模作样了，也不想想自己只是只臭猫。”

被惹恼的高修很纳闷这只猫到底想做什么。

“不用客气，请演奏一曲吧。我要是没听师傅的音乐就睡不着呀。”

“不像话，不像话，真是不像话！”

高修气得脸红脖子粗，跟团长一样又是顿足又是怒吼的，但随即又回心转意说：“好，我拉琴给你听。”

高修好像想到了什么，先是将门上锁、关上所有窗户，然后拿出大提琴、熄掉灯火。这时经过了二十天的下弦月光从窗外照亮了半个屋子。

“要听什么？”

“《梦幻曲》，浪漫派音乐家舒曼作的曲子。”花猫擦了一下嘴巴，气定神闲地说。

“是吗，你说的《梦幻曲》应该是这个吧？”

大提琴手若有所思地撕开手帕塞进耳朵里，然后以狂风暴雨般的气势演奏了《印度猎虎人》。

只见花猫先是侧着头倾听，然后突然眨了眨眼睛立刻冲向门的方向，接着用身体不断撞门，但就是撞不开。花猫一副犯了人生最大错误似的表情，眼冒金星、额暴青筋，连嘴角的胡须和鼻孔也冒出火花，刺激得花猫直想打喷嚏，拼命挣扎，惊觉这样下去可受不了。高修则是玩出了兴味，越拉越起劲。

“师傅呀，够了。不要再拉了。饶了我一命，快停止吧。我今后绝不会再碰师傅的作物了。”

“闭嘴！现在才要开始抓老虎呀。”

花猫痛苦地跳来跳去，用身体磨蹭墙壁。花猫磨蹭过的墙壁上还微微泛出青光。最后花猫就像风车一般绕着高修的身体打转。

因为高修也觉得头昏了，便答应说“好吧，我就饶了你”，同时停止了演奏。

不料花猫却又若无其事地说：“师傅呀，你的演奏不太对吧！”

大提琴手虽然听了很不高兴，但还是装作不在意，拿出一支纸烟衔在嘴里，接着又拿出一根火柴说：“怎么样？你身体还好吧，伸出舌头来让我看看。”

花猫伸出长长的舌头，就像在嘲弄人。

“哈哈，果然有点粗糙。”大提琴手边说边咻的一声将火柴滑过花猫的舌头，点燃了自己的香烟。花猫吓得舌头像风车般转动，急忙冲向门口，一头撞上门板后又踉踉跄跄地走了回来，一路东碰西撞、步履蹒跚，想找寻逃离的出路。

高修觉得有趣地看了好一会儿才说：“放你出去吧，以后别再来了。笨蛋！”

大提琴手打开了门，看着花猫如风一般冲进草丛里，不禁笑了出来，之后便心情舒畅地一夜好眠。

隔天晚上，高修又背着装有大提琴的黑色包裹回来，大口喝过水后又跟昨晚一样开始拼命拉大提琴。过了十二点、一点、两点……高修仍不间断，甚至已搞不清楚几点了仍埋首努力时，他突然听见有人在敲屋顶。

“臭猫，你还没学乖吗？”高修大喊。

只见从天花板的破洞砰的一声飞下来一只灰色的鸟。直到鸟落在地板上，高修才看出那是一只布谷鸟。

“连小鸟都飞来了。有什么事吗？”高修问。

“我想学音乐。”布谷鸟煞有介事地回答。

高修笑说：“说什么要学音乐，你不就只是会‘布谷布谷’地鸣叫吗？”

没想到布谷鸟一脸正经地回应：“是呀，你说的没错。可是那样也不容易呀。”

“那又有什么难的，你们一群布谷鸟叫起来只会让人嫌吵，哪里有什么稀奇的！”

“这样说就太过分了。就算我们只会发出布谷的叫声，但每一次的叫法可都不一样。”

“根本都一样。”

“那是你不懂。我的同类叫一万遍的布谷，每一遍的叫声都不一样。”

“随便你啦。既然你那么厉害，又何必来到我这里呢？”

“因为我想学习正确的 Do、Re、Mi、Fa。”

“Do、Re、Mi、Fa 关我什么事！”

“那是因为我希望在我出国前能够学会。”

“你去国外关我什么事！”

“请师傅一定要教我 Do、Re、Mi、Fa。我会跟着唱出来。”

“吵死人了。我只会拉三遍，之后你就立刻滚回去。”

高修拿起大提琴调整了一下琴弦，弹出了 Do、Re、Mi、Fa。布谷鸟听了马上拍动翅膀说：“不对不对啦，不是那样子的。”

“吵死人了，不然你做做看哪！”

“是这样子的。”布谷鸟身体往前倾，叫了一声“布谷”。

“什么呀！那就是 Do、Re、Mi、Fa 吗？所以说对你们而言，Do、Re、Mi、Fa 和《第六号交响曲》根本没什么两样嘛。”

“才不一样。”

“哪里不一样？”

“困难的是要连续发出这样的声音。”

“你的意思是说像这样子吧。”大提琴手拿起乐器不断拉出布谷、布谷、布谷的声音。

这时布谷鸟也很高兴地加入其中，不停地发出布谷、布谷、布谷的叫声，同时还拼命弓起身体大叫。

高修终于拉到手痛，才喊着：“好了，你也差不多闹够了吧！”并停止拉琴。

只见布谷鸟抬起一双带着遗憾的眼睛，仍继续叫个不停，直到叫声变成“……咕、咕、咕、咕、咕、咕”才停。

高修这下真的生气了。

“臭鸟！如今没事了，你可以滚了吧！”

“请再演奏一次好吗？刚才的演奏虽然不错，但还是有些不太对。”

“你说什么？我可不需要你来教我。还不快点离开！”

“拜托请再演奏一次，可以吗？”布谷鸟不停地点头恳求。

“那就最后一次喽。”

高修又拿起了琴弓。布谷鸟用力吸了一口气，发出一声

“咕”。

“请尽量演奏久一点。”布谷鸟说完后还深深鞠了一躬。

“真是麻烦。”高修笑着开始演奏。布谷鸟也认真地弓起了身体，奋力发出布谷、布谷、布谷的叫声。起初高修还有点不太高兴，但在持续演奏的过程中突然发觉，布谷鸟的叫声似乎还比较符合音阶，而且越弹奏就越觉得布谷鸟的音准很好。

“再这样弹奏下去，那我岂不是要变成鸟了！”高修戛然停止演奏。

只见布谷鸟仿佛头被敲了一记，身体踉跄左摇右晃，嘴里仍持续唱了一段“布谷、布谷、布谷、咕咕咕咕咕”才停止，然后用怨恨的眼神看着高修说：“为什么要停下来？我们布谷鸟就算再怎么没出息，也会叫到啼血为止呀。”

“说什么大话呀！这种蠢事要持续多久？你可以滚了！看吧，天都快亮了！”高修指着窗外说。

东方天空已染成银白色，原本群聚的乌云逐渐飘往北方。

“那就到天亮为止，请再演奏一遍。只要一下子就好了。”

布谷鸟再次低头恳求。

“闭嘴！你这得寸进尺、不知好歹的笨鸟。再不滚出去，小心我拿你当早餐吃掉。”高修用力在地板上跺脚怒骂。

布谷鸟立刻被吓得想要夺窗而出，不料竟撞上玻璃，跌落在地板上。

“搞什么嘛，居然会笨到撞上玻璃！”高修赶紧起身想要推开玻璃窗，问题是这扇窗平常就不太好开。就在高修跟卡住的窗框奋战之际，布谷鸟又撞上玻璃跌落在地板上。高修低头一看，发现布谷鸟的嘴边流出了一点血。

“没看到我在帮你打开窗户吗？怎么不等一下呢？”

就在高修好不容易将窗户打开约两寸宽时，布谷鸟立刻起身义无反顾地朝向东方的天空，用尽浑身力量如疾箭般飞去。当然这一次比之前撞上玻璃的力道更强，只见布谷鸟应声跌落，躺在地板上的身体一动也不动。高修想要抱起布谷鸟让他从大门飞出去，没想到才一上前伸出双手就看到布谷鸟睁开眼睛试图脱逃。因为布谷鸟似乎又要往玻璃窗飞过去，高修连忙抬起脚往窗户一踢。两三块玻璃登时发出碎裂的巨响，掉落在外面。布谷鸟朝着窗户的缺口箭也似的飞了出去，而且越飞越远，直到完全看不见身影。高修神情木然地望着窗外良久，然后才倒卧在房间的角落沉沉睡去。

隔天晚上，高修依然练习大提琴到三更半夜。当他累了停下来喝口水时，又听见了敲门声。

高修手拿着杯子站在门边，心想今晚不管谁上门都得跟昨天呵斥布谷鸟一样当场将对方赶走才行。只见门板被微微推开，一只小狸猫走了进来。高修立刻将门稍微开大一点，用力跺脚大吼："喂！狸猫，你知道什么是狸猫汤吗？"

小狸猫茫然地端坐在地板上，丈二和尚摸不着头脑地，歪着头想了想才回答："我不知道狸猫汤是什么东西。"

高修看着狸猫的脸，差点笑了出来，但还是硬挤出可怕的表情说："那我来告诉你吧！所谓的狸猫汤就是把像你这样的狸猫和卷心菜、盐巴煮成一锅浓汤，然后让我给吃进肚子里。"

不料小狸猫露出不知如何是好的神情说："可是我爸爸说高修先生人很好，要我不必害怕跟你学习。"

高修听了不禁笑了出来说:“要学习什么？我可是很忙的，而且我想睡了。”

小狸猫立刻兴高采烈地向前踏出一步。

“我是负责打小鼓的，爸爸要我来学习如何跟上大提琴的节奏。”

“可我哪儿也没看见有小鼓呀。”

“有哇，就是这个。”小狸猫从背后拿出两根鼓棒。

“你拿这东西出来要干吗？”

“那就请你演奏《快乐的马车夫》吧。”

“什么是快乐的马车夫？爵士乐吗？”

“是呀，这是乐谱。”小狸猫又从背后拿出一张乐谱。

高修接过手后笑了出来。

“还真是首奇怪的曲子。好吧，我来拉琴，那你要敲打小鼓吗？”高修一边好奇地偷瞄小狸猫接下来会怎么做，一边开始演奏。

只见小狸猫拿起鼓棒跟着节拍敲打琴桥的下方。因为小狸猫打得很好，高修心想这下子有意思了。

演奏完后，小狸猫侧着头沉思了一下。

接着才像想到了什么似的，娓娓道出心中的想法：“高修先生每次拉到第二根琴弦时总是会慢半拍，所以我也会跟着受到影响。”

高修吓了一跳，因为他从昨晚起也感觉到不管拉得有多快，那根琴弦声音依然出来得比较慢。

“不，也许你说得对。我的大提琴的确很糟糕。”高修悲伤地说。小狸猫听了很同情，想了一下后说：“哪里出了问题呢？可以请你再拉一次吗？”

“好哇。”高修开始演奏。小狸猫除了跟刚才一样敲打外，还不时侧着头倾听大提琴的声音。演奏到最后时，天色逐渐泛白。

“啊，天亮了。今天很谢谢你。”小狸猫连忙将乐谱和鼓棒放回背上，再用橡皮绳固定好，行了两三次礼后走出屋外。

高修茫然地呼吸着从破掉的玻璃窗吹进来的冷空气，心想得趁着出门前睡一下好补充体力，赶紧钻进了被窝里。

隔天晚上，高修仍熬夜练习大提琴，直到快要天亮，他一个人对着乐谱猛打瞌睡时，又听见了敲门声。声音小到几乎听不见，但因为最近每晚都有人来，所以高修马上就听见了声音，回应了一句：“请进。”结果从门缝钻进来的是一只野鼠，而且身后还带着一只幼鼠，碎步走向高修。说到那只幼鼠的娇小，简直就跟橡皮擦一样大，看得高修不禁莞尔一笑。野鼠不知道为什么被笑，东张西望地将一颗绿色栗子放在高修面前，鞠躬行礼说：“师傅，我孩子身体不好快死了，请你发发慈悲救活他吧！”

“我又不是医生。”高修有些不太高兴地回应。只见野鼠妈妈依然低头沉默不语，过了一会儿才毅然表示：“不，师傅你错了。难道师傅不知道自己每天救了多少病人吗？”

“我不知道你在说些什么！”

“因为师傅的关系，兔婆婆的病好了，狸猫爸爸也痊愈了，就连坏心眼的猫头鹰也恢复健康了。所以如果只有我的孩子不能得救，叫我怎么能接受呢！”

“慢着点，一定是你搞错了。我从来就没有帮猫头鹰治过病啊。昨晚的确是有小狸猫跑来跟我练习乐队的演奏。哈哈哈。”高修惊讶地俯视着幼鼠笑了出来。

不料野鼠妈妈竟开始哭泣。

“啊，这孩子要是早点生病就好了。刚刚琴声还那么响亮地流淌不停，谁知才一生病琴声就停止了。不管我如何请求，就是不肯继续演奏下去。这孩子真是不幸啊。”

高修吃惊地大叫：“什么！你是说只要我拉大提琴就能治好猫头鹰、兔子的病？究竟是怎么一回事呀？”

野鼠用一只手揉着眼睛回答：“是呀，这附近的动物只要一生病就会钻进师傅家的地板接受治疗。”

“结果就能治好吗？”

“没错，有的人血路不顺会变得畅通，立刻感觉舒适；也有人回去后身体就复原了。”

“原来如此呀。没想到只要我一拉大提琴就能取代按摩治愈你们的病情。好，我知道了，那就开始治病吧！”

高修稍微调整一下琴弦后，一把抓起幼鼠放进大提琴的洞口里。

“我也要跟着去。不管哪家医院都会这么做的。”野鼠妈妈像发了疯一样冲向大提琴。

“你也要进去吗？”大提琴手试图将野鼠妈妈塞进洞里，但只能塞进半个头而已。

野鼠妈妈手脚乱窜地对着洞里的幼鼠大喊：“你还好吗？掉下去时有没有照我教的四脚并拢呢？”

“嗯，我平安落地了。”幼鼠回答的声音就像蚊子叫一样。

“那就没事了，你也不要再哭哭啼啼的。”高修将野鼠妈妈放回地上，然后举起琴弓开始演奏起狂想曲。只见野鼠妈妈一脸担心地听着琴音，最后终于按捺不住地开口制止：“够了！请放他出来吧。”

“什么，这样就可以了吗？”高修让琴身倾斜，并将手靠在洞口等着，不久之后幼鼠爬了出来。高修默默地将幼鼠放回地上。只见幼鼠双眼紧闭，浑身不停地颤抖。

“怎么样？身体好些了吗？”

幼鼠一句话也没有回答，始终双眼紧闭，浑身不停地颤抖，接着突然间站了起来，开始跑来跑去。

“啊，他好了。真是谢谢你、谢谢你。”野鼠妈妈也跟着一起跑，然后跑到高修面前鞠躬行礼，一连说了十次的“谢谢你、谢谢你”。

高修不禁起了亲切之意，问道：“对了，你们吃面包吗？”

野鼠妈妈似乎吓了一跳，东张西望了一下才回答：“不，虽然面包是用面粉搓揉、蒸烤而成的好吃食物，但不管好不好吃，我们从来没有光顾你家的柜子，更何况现在又受到你如此的照顾，怎么能偷你家的面包呢。”

“我不是那个意思啦。我只是问你们想不想吃面包。所以你们吃吧。等我一下，我要给那肠胃不适的幼鼠吃面包。”

高修将大提琴摆在地板上，从柜子里撕下一小块面包放在野鼠面前。

野鼠妈妈就像发了疯，又哭又笑，不停地向高修行礼道谢，小心翼翼地叼起面包块，守护在幼鼠后面走出屋外。

“唉，跟老鼠说话还真是累人。”高修一倒卧在被窝里，就立刻呼呼大睡。

到了第六天晚上，金星音乐团的乐手们聚集在镇上公会堂后台的休息室里，大家都神情紧张地拿着自己的乐器走上舞台。总算丝毫不差地演奏完《第六号交响曲》，大厅里响起如雷的掌声。团长就像赢得掌声事不关己的样子，双手插在口袋里穿梭在团员之间。其实他心里可高兴得很。其他团员们有的用火柴点燃嘴里叼着的香烟，有的忙着将乐器收回盒子里。

大厅里仍传来鼓掌声，声音越来越大，大得惊人。胸口别着白色大蝴蝶结的司仪走进来说："听众们要求安可。能不能演奏一首短一点的乐曲呢？"

团长听了，不太高兴地回答："那怎么行！在那么大的曲子之后，我无法同意再演奏其他任何曲子。"

"那就请团长出面跟大家打声招呼吧。"

"我才不要。喂！高修君，你去演奏一首曲子吧！"

"我吗？"高修整个人都吓傻了。

"对，就是你啦。"首席小提琴手突然抬起头来帮腔。

"你就上台吧！"团长说。其他人也硬将大提琴塞给高修，门一开将他推上了舞台。困惑的高修只好抱着他那有破洞的大提琴上场。大家还用力拍手想引起听众注意他，甚至还有人大声叫好。

“哼，居然这么瞧不起我！我要演奏《印度猎虎人》，让你们睁大眼睛看清楚。”高修已然恢复平静走向舞台中央。

然后就跟花猫来访的时候一样，他用仿佛大象怒吼的气势弹奏出猎虎人的乐曲。顿时听众们也都屏气凝神地聆听。高修继续演奏，那段火花四射让花猫痛苦万分的部分过去了，不断用身体撞门板的段落也过了。

演奏一结束，高修看也不看听众们一眼，就像那只花猫一样，立即抱起大提琴躲进了休息室。团长和团员们仿佛遇到火灾一般都吓傻了，瘫坐在休息室里。高修以为自己又搞砸了，赶紧穿过他们，身体一弯、双脚靠拢，重重地坐在另一头的长椅上。

这时所有人都转过头来看着高修，而且神情严肃，没有人嬉皮笑脸。

“今天晚上好奇怪呀。”高修心想。

不料团长竟站起来对他说：“高修君，演奏得太好了。这样的曲子居然能让所有人都认真聆听。不过才练习一个星期、十天的，你就如此熟练。跟十天前的你相比，差别之大简直就像是从初生的婴儿到训练有素的军人。有道是天下无难事，只怕有心人，你说对吧？”

其他人也都起身称赞高修：“太好了。”

“哎呀，都是因为你的身体够强健才能这样，换作是一般人早就支持不下去了。”团长在另一头继续说。

那天直到深夜，高修才回到家里。

他一如往常地大口喝水，接着打开窗户，望着布谷鸟飞去的远方天空喃喃自语：“布谷鸟哇，那个时候真是对不起！我不该对你生气的。”

模仿音乐偶像贝多芬的贤治式幽默

宫泽贤治生前曾留下一张黑白照片：以一片原野为背景，他头戴圆顶绅士帽、身着长版风衣并将双手背在身后，眼神低垂，若有所思。这张乍看之下充满忧郁文艺青年气息的照片，原本是他为了模仿自己的偶像贝多芬，特地请来开照相馆的友人带着笨重的老式相机为他拍摄的。而对成品感到相当满意的他，甚至加洗了好几份，签名后赠送给学生。

喜爱贝多芬的宫泽贤治对音乐有着不可思议的热情，不仅亲自为母校花卷农学校创作校歌，还曾经只身背着一把大提琴远赴东京学艺，回来后更是集结当地农民组成业余交响乐团，成为《大提琴手高修》的创作灵感来源。

此外，他也是东北地区首屈一指的唱片收藏家。据说当时镇上的唱片行只要有唱片新上架都会立刻被他买走，购买力之惊人，连远在英国的宝利多唱片总公司（Polydor Records）都曾特别寄赠感谢状给他！宫泽贤治的研究者天沢退二郎曾如此评论道："他的创作与其用作读的，不如用作听的更为贴切。"或许，正是他对音乐的那份热爱化为写作的节奏，流淌于字里行间的缘故吧。

"听着，身为我的弟子
你该尽你所能
弹奏这满布天空
以光线编织而成的管风琴"

（出自《告别》，1925 年 10 月 25 日）

过　雪　原

今晚大家必须要将一件事情铭记在心，那就是有两个聪明、没有喝醉酒的人类小孩吃下了我们狐狸做的食物。因此，各位今后长大成人也不可以欺骗人类、妒恨人类，让过去人类对我们狐狸的坏印象都一扫而空。

过雪原之一（小狐狸绀三郎）

雪地完全结冰，比大理石都还要硬。天空也像是用冷冽光滑的青石板雕琢出来的一样。

“冰雪硬邦邦、湿雪沉甸甸。”

白晃晃的阳光为大地增添一股百合香气，也照得雪地闪闪发亮。

经霜的树木就像是撒上了一层砂糖。

“冰雪硬邦邦、湿雪沉甸甸。”

四郎和寒子穿上小雪鞋，嘎吱嘎吱地来到野地上。

今后还有哪一天会比今天更有趣呢？无论是平常不能走的玉米田，还是芒草丛生的草原，如今都平坦得如同一大片木板，能自由自在地通行，同时又像是许多小镜子般闪耀个不停。

“冰雪硬邦邦、湿雪沉甸甸。”

两人来到森林附近。高大的柏树因为枝上挂满透明的冰柱，沉重得树身都被压弯了。

“冰雪硬邦邦、湿雪沉甸甸。小狐狸想娶媳妇呀娶媳妇。”两人对着森林放声大喊。

等了半天，空寂无声，就在两人吸口气准备再次大喊时，一只白色小狐狸边唱着“冰雪硬邦邦、湿雪沉甸甸”，边踩着积雪从森林中走了出来。

有点被吓到的四郎赶紧将寒子拉到自己身后，站稳了脚步才大声说道：“小哇小白狐，想娶媳妇我帮你。”

只见那只狐狸年纪虽小，却用手拈着一根银针般的胡须回答：“四呀四郎官、寒哪寒子妹，我才不想娶媳妇。”

四郎听了笑着说：“小哇小白狐，不想娶媳妇，那年糕要不要？”

这时小白狐头晃了两三下，很感兴趣地回应：“四呀四郎官、寒哪寒子妹，不如我给你们黍稷麻薯吧？”

寒子觉得太好玩了，躲在四郎的背后轻声唱了起来：“小哇小白狐，黍稷麻薯是兔屎。”

“不是，绝对不可能那样。像你们这么体面的人，怎么可能吃褐色的兔屎麻薯呢？我们狐狸过去总是被冤枉爱骗人。”

四郎惊讶地反问："你是说狐狸爱骗人是假的吗？"

小狐狸绀三郎激动地回应："当然是假的，而且是很过分的假话。说自己被骗的，多半不是酒鬼就是胆小鬼那种会胡扯乱诌的人。有件事情很好玩，之前甚兵卫在月夜里坐在我们家的门前，唱了一整晚的净琉璃戏曲[1]，我们全都跑出来看呢。"

四郎听了大叫："甚兵卫大叔才不会唱净琉璃戏曲，一定是唱浪花节[2]民谣啦。"

"甚兵卫唱的不是净琉璃戏曲，而是浪花节民谣。"小狐狸绀三郎一副恍然大悟的样子说，"嗯，或许你说的没错吧。总之来吃麻薯吧！这可是我在田里亲自播种、除草、收割、磨粉、揉面、蒸熟后再撒上糖粉制成的。怎么样呀？要不要来一盘呢？"

1　净琉璃（じょうるり）是一种配以三味线伴奏的说唱表演艺术。诞生于室町时代（1338—1573）的说唱表演中，有一个以牛若丸（源义经）与净琉璃姬为题材的浪漫故事。由于这个故事深受欢迎，所以后来人们将此类说唱表演统称为"净琉璃"。

2　浪花节（なにわぶし）是大阪地区的传统戏曲，由"浪花伊助"所创，"节"是戏曲。内容多是关于市井小民的义理人情人生百态。

四郎笑着回应:“绀三郎，我们在过来之前才刚吃过年糕，所以肚子不饿。下次再让你请吧。”

小狐狸绀三郎高兴地挥舞着一双短手说:“原来如此呀。那就等到幻灯会的时候再请你们吃吧！请你们幻灯会的时候一定要来。就是下次雪地结冰的月夜，八点开始。我先给你们入场券吧，需要几张呢？”

“给我们五张吧。”四郎回答。

“五张吗？你们用掉了两张，另外还有三张是给谁的呢？”绀三郎问。

“我哥哥他们哪。”四郎回答。

“你哥哥他们都未满十一岁吗？”绀三郎又问。

“不是，最小的哥哥上四年级，所以是八岁加四岁，就是十二岁。”四郎回答。

不料绀三郎听了竟煞有介事地拈了一根胡须说:“那你哥哥他们不能来，只有你们可以来。我将为你们准备贵宾席，到时候会很好玩的。幻灯片最先放的是‘不准喝酒’，那是因为你们村子里的太右卫门和清作每次喝酒喝到两眼昏花，就会跑到原野找乱七八糟的包子、面条吃。我的身影也有被拍进去。接着是‘小心陷阱’，画的是我们权兵卫在原野被陷阱给困住的情景。那是张画，并非照片。第三张是‘不要小看火’，画面是我们权助去你们家时，尾巴着火的样子。请你们务必光临。”

兄妹俩很高兴地点了点头。

小狐狸将嘴巴歪到一边，样子有些可笑，两脚开始噼里啪啦咚咚地跳了起来，头和尾巴也跟着左右摆动。过了一会儿，他好像想到什么了，就一边舞动双手打拍子，一边唱起歌来。

冰雪硬邦邦、湿雪沉甸甸。

原野的包子香喷喷，

醉醺醺的太右卫门，

去年一口气吃了三十八个。

冰雪硬邦邦、湿雪沉甸甸。

原野的面条热腾腾，

醉醺醺的清作，

去年一口气吃了十三碗。

四郎和寒子不禁听到入迷，也跟着小狐狸一起跳起舞来。噼里啪啦咚咚、噼里啪啦咚咚、噼里啪啦咚咚、噼里啪啦咚咚。

四郎接着唱：

“小哇小狐狸，去年的权兵卫，左脚踩到陷阱，惨兮兮呀惨兮兮。”

寒子接着唱：

“小哇小狐狸，去年的权助，想偷烤鱼烧到屁股，嗷嗷叫哇，嗷嗷叫。”

噼里啪啦咚咚、噼里啪啦咚咚、噼里啪啦咚、噼里啪啦咚。

三人就这样边跳边往森林里去。用来做红色封蜡的朴树芽被风吹得闪闪发亮，蓝色树影像一张大网落在林中雪地上，阳光照耀处就像是开出了一朵朵的银色百合花。

这时绀三郎开口说：“不如找小鹿来吧。小鹿最会吹笛子了。”

四郎和寒子开心地拍手叫好。然后三人一起大声喊：

“冰雪硬邦邦、湿雪沉甸甸。小鹿想娶媳妇呀娶媳妇。”

只听见前方传来柔弱的叫声：

“北风呼呼风三郎、西风萧萧又三郎。”

小狐狸绀三郎一听，好像自己被瞧不起了，立刻嘟着嘴巴说：“那是小鹿，那家伙最胆小了，不敢来这里啦。我们再喊一次吧。”

于是三人又齐声大叫：

“冰雪硬邦邦、湿雪沉甸甸。小鹿想娶媳妇呀娶媳妇。”

这一次从更远处传来不知是风声还是笛声，又像是小鹿的歌声。

“北风呼呼冷飕飕、西风萧萧冷冰冰。”

小狐狸又拈起胡须说话。

“雪地变软就没办法行走了，今天先回家去吧。等到下一次雪地结冰的月夜，请你们务必光临。我们会播放刚才说的幻灯片。”

所以四郎和寒子就一边唱着“冰雪硬邦邦、湿雪沉甸甸”，一边踩着银色雪地回去了。

“冰雪硬邦邦、湿雪沉甸甸。”

过雪原之二（狐狸小学的幻灯会）

到了十五日夜晚，皎洁的满月悄悄地从冰山上头升起。雪地散发出蓝白色的光彩，今天也冻得跟寒水石一样坚硬。

四郎想起了和小狐狸绀三郎的约定，便轻声问妹妹寒子：“今晚是狐狸的幻灯会，我们要去吗？”

只见寒子高兴地跳了起来，高喊：“我们去吧，我们去吧。小哇小白狐，小白狐哇绀三郎。”

这时二哥二郎也开口说：“你们要去狐狸那里玩吗？我也想去。”

四郎觉得很困扰，耸了耸肩膀说：“哥哥，可是超过十一岁的人不能参加狐狸的幻灯会，这是入场券上写的。”

二郎说：“是吗，拿来给我看看。啊哈！非学生家长者，十二岁以上的来宾不得入场。这群狐狸还真会算计。所以我不能去，那就没办法了。既然你们要去，就带着年糕去吧。来吧，这块年糕应该不错。”

四郎和寒子穿上小雪鞋，背着年糕来到外面。

三个哥哥一郎、二郎和三郎排成一列站在门口大喊：“路上慢走。遇到成年的狐狸记得要赶紧把眼睛闭上。对了，我们一起唱歌帮你们打气吧！冰雪硬邦邦、湿雪沉甸甸。小狐狸想娶媳妇呀娶媳妇。”

月亮高挂天空，整个森林笼罩在泛着蓝光的烟雾之中。兄妹俩来到了森林的入口。

一只胸前别着橡实胸章的小白狐已站在那里迎接。

“晚上好。你们来得可真早哇。请问有带入场券吗？”

“有哇。”两人递上了入场券。

“好，请走这边。”小狐狸煞有介事地弯腰鞠躬，不停地眨着眼睛将手指向森林的深处。

月光斜射进森林中，形成好几道棒状的蓝色光束。兄妹俩走到了林中的空地前。

只见那里聚集了许多狐狸学校的学生们，有的在互丢栗子皮嬉闹，有的在玩相扑游戏。最好笑的是有只跟老鼠一样小的幼狐骑坐在较大的狐狸肩膀上，拼命把手伸向天空想要摘星星。

一块白布就垂挂在他们面前的树枝上。

突然间后面传来说话声："晚上好，欢迎光临。前几天招待不周，真是不好意思。"

四郎和寒子惊讶地回头一看，原来是绀三郎。

那个绀三郎竟身穿笔挺的燕尾服，胸前别着水仙花。他的手上拿着纯白的手帕，不停地擦拭自己尖尖突起的嘴巴。

四郎微微欠身致意说："上次承蒙款待，同时谢谢你今晚的邀请，这些年糕请分给大家吃。"

所有狐狸学校的学生们都朝向他们看着。

绀三郎高高挺起胸膛收下了年糕说："收到如此贵重的礼物，真是不好意思。敬请轻松自在地享受今晚的节目。马上就要播放幻灯片了，我先告辞了。"

绀三郎带着年糕走向对面。

所有狐狸学校的学生们齐声大喊：

“冰雪硬邦邦、湿雪沉甸甸。硬年糕哇硬邦邦、白年糕哇扁又平。”

狐狸学生们都很高兴地用力拍手。

这时哔的一声，笛声吹响了。

绀三郎一边咳嗽清喉咙，一边从布幕旁边走出来，深深弯腰一鞠躬。直到大家都安静无声后才开口说：“今晚天气很美好。月亮就像珍珠盘一样。星星仿佛是结冰的原野露水，光辉闪耀。幻灯会即将要开始了，请各位不要眨眼、打哈欠，睁大眼睛仔细观赏。

“同时今晚还邀请到两位贵宾，所以各位务必保持安静。千万不可将栗子皮丢到他们身上。以上是我的开幕致辞。”

所有人都欣喜地鼓掌。四郎轻声对寒子说：“绀三郎表现得很好吧。”

笛声又哔地响起。

布幕上投影出“不准喝酒”几个大字。标题消失后换上了照片。画面上有个喝醉酒的大叔手里抓着奇怪的圆形物体。

这时大家都开始跺脚唱起了歌：

噼里啪啦咚咚、噼里啪啦咚咚。

冰雪硬邦邦、湿雪沉甸甸。

原野的包子香喷喷，

醉醺醺的太右卫门，

去年一口气吃了三十八个。

噼里啪啦噼里啪啦咚咚咚。

照片消失了。四郎轻声对寒子说：“那是绀三郎上次唱过的歌。”

出现了另一张照片。画面上是一个喝醉酒的年轻人将脸埋在朴树做成的碗里，不知道在吃些什么东西。身穿白裤的绀三郎则是站在另一头看着年轻人。

大家又开始跺脚唱歌：

噼里啪啦咚咚、噼里啪啦咚咚。

冰雪硬邦邦、湿雪沉甸甸。

原野的面条热腾腾，

醉醺醺的清作，

去年一口气吃了十三碗。

噼里啪啦噼里啪啦咚咚咚。

照片消失后，节目暂时告一段落。

一只可爱的小母狐送上两盘黍稷麻薯。

四郎哪里还吃得下去。因为他们才刚刚看到太右卫门和清作不知自己受骗上当而吃下奇怪东西的画面。

接着又看到狐狸学校的学生们都看着这里，彼此交头接耳地议论纷纷：“他们会吃吗？他们会吃吗？”寒子被看得羞红了脸，拿着盘子一动也不动地愣在那里。因此四郎下定决心说：“嗯，我们吃吧。我们就吃吧。我不认为绀三郎会骗我们。”

兄妹俩将整盘的黍稷麻薯都吃下肚。黍稷麻薯也的确好吃得不得了。狐狸学校的学生们看了，全都高兴地跳起舞来。

噼里啪啦咚咚、噼里啪啦咚咚。

白天哪阳光亮闪闪，

夜晚哪月光明晃晃，

就算身体呀被拆散，

狐狸学生啊不扯谎。

噼里啪啦咚咚、噼里啪啦咚咚。

白天哪阳光亮闪闪，

夜晚哪月光明晃晃，

就算身体呀倒路旁，

狐狸学生啊不偷盗。

噼里啪啦咚咚、噼里啪啦咚咚。

白天哪阳光亮闪闪，

夜晚哪月光明晃晃，

就算身体呀被撕碎，

狐狸学生啊不妒恨。

四郎和寒子也高兴得泪流满面。

笛声哔地响起。

布幕上投影出“小心陷阱”几个大字后又消失，换上一张图画。画面上是狐狸权兵卫左脚踩到陷阱的情景。

大家又开始唱歌：

小哇小狐狸，
去年的权兵卫，左脚踩到陷阱，
惨兮兮呀惨兮兮。

四郎轻声对寒子说："那是我作的歌呀。"

图画消失后，出现了"不要小看火"几个大字。接着标题也消失，投影出新的图画。那是狐狸权助想要偷烤鱼时，尾巴着火的画面。

所有狐狸学生齐声大叫：

小哇小狐狸，去年的权助，
想偷烤鱼烧到屁股，
嗷嗷叫哇嗷嗷叫。

笛声哔地响起，布幕倏地变亮，绀三郎又出来说话了。

“各位，今晚的幻灯会就到此结束。今晚大家必须要将一件事情铭记在心，那就是有两个聪明、没有喝醉酒的人类小孩吃下了我们狐狸做的食物。因此，各位今后长大成人也不可以欺骗人类、妒恨人类，让过去人类对我们狐狸的坏印象都一扫而空。以上是我闭幕的致辞。”

狐狸学生们都感动地高举双手站起来欢呼喝彩，并流下闪烁的泪水。

绀三郎来到兄妹俩面前深深一鞠躬说：“那么再见了，我绝对不会忘记两位今晚的恩情。”

两人也低头回礼，踏上归途。狐狸的学生们纷纷赶上来将橡实、栗子和闪着青光的石头塞进他们的怀里、口袋里，说完“这给你们”“请收下”后又像风一般地跑了回去。

绀三郎面带笑容地看着这一切。

两人走出森林来到了原野。

只见在雪白的原野中有三个黑色人影朝他们走来，原来是哥哥们来迎接他们回家。

夜　鹰　之　星

“太阳啊太阳，请带领我到你那里吧！就算会被烧死也无所谓。像我这么丑陋的身体燃烧时也能烧出小小的火光吧？请带着我一起走吧。”然而无论如何向前飞，夜鹰仍旧无法拉近和太阳的距离。

夜鹰是一种长得很丑的鸟。

脸上到处都有仿佛沾到味噌一样的斑点，扁平的嘴巴直裂开到耳朵下面。

脚步蹒跚，摇摇晃晃的，连六尺长的距离都走不完。

其他鸟类只要一看到夜鹰的脸，立刻就露出嫌恶的表情。

比方说，云雀也不是很漂亮的鸟，但因为自认为比夜鹰好很多，每当傍晚时分遇到夜鹰时，就会很不屑地闭上眼睛，把头转向一边。其他体型较小、很爱说话的鸟儿更是随时都能当着夜鹰的面说他的坏话。

“哼！又出来了。瞧瞧那副德性，简直是丢咱们鸟类的脸哟！”

“天啊！嘴巴还真大呀！肯定跟青蛙之类的有亲戚关系吧！”

就是像这样子被欺负。唉！如果他不是夜鹰而是单纯的老鹰，相信这些自以为长得好看的小鸟们光听到名字立刻就会吓得浑身颤抖、脸色发白，缩起了脖子躲到树叶后面。其实夜鹰跟老鹰既非兄弟也没有亲戚关系，反而算是美丽的翠鸟，还有被称作是鸟中宝石的蜂鸟的兄长。蜂鸟吸花蜜、翠鸟吃鱼，夜鹰则是捕食会飞的昆虫。因为夜鹰没有尖锐的爪子和鸟喙，所以再怎么瘦弱的小鸟也不会怕他。

既然如此，让人纳闷的是为何他的名字里会有个“鹰”字呢？那是因为夜鹰的翅膀特别强韧，迎风飞翔的英姿，看起来就跟老鹰一样。另外他的叫声高亢，也跟老鹰有些相似。当然老鹰对这点也很介意，不愿与之为伍。所以每次一看到夜鹰，就会耸起肩膀大声说：“快点改掉名字，快点改掉名字。”

有天傍晚，老鹰终于直接跑来夜鹰家。

“喂！你在家吗？为什么你还不改掉名字？你这家伙还真是不知羞耻，你和我根本就是天差地别。像我可以在蓝天上自由自在地任意翱翔，而你只能在阴天或是夜里出来。再来，你看看我的爪子和鸟喙，再跟你自己的比较看看吧！”

“老鹰先生，请不要强人所难。我的名字又不是我自己随便取的，那可是天神命名的呀。”

“算了吧。要说我的名字是天神命名的，那还说得过去。

倒是你的名字分明是向我和夜晚各借一个字而成的。还不快点还给我！”

“老鹰先生，你这是强人所难。”

“哪有什么强人所难，要不我帮你取一个好名字吧？就叫作市藏。你叫市藏，这名字不错吧？既然已经改名字了，就必须举行改名字的公开仪式。也就是说，你得在脖子前面挂上一个写着市藏的牌子，嘴里喊着‘从今以后我叫作市藏’，挨家挨户通知众人。”

“那种事我做不来呀。”

“怎么会？你可以的。就这么决定了！到了后天早上，如果你还没那么做，我就会马上把你杀了。最好给我记住：不做就会被杀死！后天一大早我会一家家去问小鸟们，问你有没有来过。要是有一家回答说没有，到时你就完蛋了！”

“你未免也太强人所难了吧。与其那么做，我宁可去死。请你现在就杀了我吧！”

“我劝你还是好好考虑再说。市藏这名字其实也不难听啊。”

老鹰用力张开巨大的翅膀，往自己的鸟巢飞回去了。

夜鹰默默地闭上眼睛思忖。

（为什么我会这么被大家讨厌呢？只因为我的脸像是沾上了味噌、嘴巴大得像是裂开一样。可是我从来也没有做过坏事呀！绿绣眼的小孩从巢里掉下来时，我上前帮忙将他带回巢里。结果绿绣眼就像从小偷手上抢回小孩似的用力推开我，之后还狠狠地嘲笑我一番。如今要我在脖子挂上“我叫市藏”的牌子，那有多难堪哪。）

周围已逐渐变得昏暗，夜鹰飞出了鸟巢。低垂的云层不怀好意地闪着亮光。夜鹰几乎和云层擦身而过地在天空中默默飞翔。

突然间夜鹰张开大嘴、挺直翅膀，就像弓箭般飞越过天空。就这样，一只只会飞的小昆虫都进了他的喉咙。

当身体快要触碰到地面时，夜鹰立刻又轻盈地往天上飞去。云层已变成灰色，对面的山则因为烧山[1]的火焰而变得一片通红。

夜鹰奋力疾飞时，感觉天空就像是要被分成两半一样。一只甲虫飞进了夜鹰的喉咙，在里面不断挣扎。夜鹰立刻将他吞了下去，但不知为什么，背脊仿佛打了个冷战。

云层完全变黑了，只有东方因为火烧山而染成红色，看起来很可怕。夜鹰虽然觉得胸口很闷，但还是继续向上飞。

又有一只甲虫飞进了夜鹰的喉咙里，被困在里面吧嗒吧嗒地挣扎。夜鹰硬是将他吞咽下去。这时夜鹰的胸口突然一震，不禁放声大哭。一边哭一边在空中不停地盘旋打转。

（啊！不管是甲虫还是其他会飞的昆虫，每晚都会被我杀死。但这一次我唯一的一条命就要被老鹰夺走了。原来死是这么的痛苦！唉，痛苦呀，真是痛苦。我决定不再吃虫，干脆饿死吧。不对，恐怕在那之前就会被老

1 烧山，指人类放火燃烧森林。

鹰给杀死吧。不要！不如在那之前，我远走高飞到天空的另一边吧。）

夜鹰先飞去找弟弟翠鸟。美丽的翠鸟正好起身眺望着远方的森林大火。看到夜鹰飞下来，翠鸟便问道："哥哥，晚安。有什么急事吗？"

"没有啦，因为我现在要远行，临走前想跟你见一面。"

"哥哥，你不能走。蜂鸟都已经身在远方了，难不成你要留下我独自一人吗？"

"我也是迫不得已呀。如今你也就别再多说什么了。还有你呢，除了非抓不可的时候以外，再也不要为了好玩而抓鱼。知道吗？永别了！"

"哥哥，你是怎么了？请多待一会儿再走吧。"

"算了，待多久都一样。之后记得帮我跟蜂鸟问声好。永别了，今后我们将不再见面，永别了！"

夜鹰哭着飞回自己的鸟巢。短暂的夏夜也逐渐明亮了起来。

羊齿叶片吸收了黎明的雾气，青翠冰冷地随风摇曳。夜鹰发出高亢的一声长鸣，接着将巢中收拾干净，也将自己身上的羽毛梳理好后，才正式飞离鸟巢。

“太阳啊太阳，请带领我到你那里吧！就算会被烧死也无所谓。像我这么丑陋的身体燃烧时也能烧出小小的火光吧？请带着我一起走吧。”

然而无论如何向前飞，夜鹰仍旧无法拉近和太阳的距离。反倒是距离越来越远且越变越小的太阳说话了：“你是夜鹰吧。真是难为你了。你不如晚上飞到天上去找星星商量吧！毕竟你不是属于白天的鸟哇。”

夜鹰刚行完礼，一阵昏眩猛然袭来，身体就掉落在原野的草丛里。感觉好像在做梦一样，身体一下子穿梭在红色、黄色的星星之间一路向上飞，一下子又被狂风吹跑或是被老鹰抓住。

突然间有冰凉的东西滴落在脸上。夜鹰睁开眼睛一看，原来是露水从一片鲜嫩的芒草叶尖上滑落。已经入夜了，深蓝的天空中繁星熠熠。夜鹰飞向了天空。今晚森林的大火依然烧得艳红。夜鹰一再盘旋于微亮的红色火光和冰冷的星光之中，最后下定决心向西直接飞往美丽的猎户星座。他边飞边呐喊："星星啊！西方的闪亮明星！请带领我到你那里吧！就算会被烧死也无所谓。"

猎户星座只顾着唱雄壮的歌曲，完全不理会夜鹰。夜鹰难过得几乎快哭了出来，飞得七零八落，不得已只好停下来，再一次重新盘旋。接着，他朝向南方的大犬星座一边挥动翅膀一边呐喊："星星啊！南方的蓝色明星！请带领我到你那里吧！就算会被烧死也无所谓。"

大犬星闪烁着蓝色、紫色和黄色等美丽的光辉说："说什么蠢话呀！也不想想你是谁。不过就是只小鸟，凭你的翅膀要飞到我这里，得花上亿年兆年亿兆年哪！"

夜鹰听了很失落，又飞得东倒西歪直往下坠，之后盘旋了两次才又下定决心，改往北方的大熊星座直飞过去，边飞边呐喊："北方的蓝色明星！请带领我到你那里吧！"

大熊星语气平缓地回应："我劝你不要想太多，稍微让头脑冷静一下再说吧。像这种时候，可以跳进有冰山漂浮的海水中。要是附近没有大海，最好是跳进装了冰块的杯水中。”

夜鹰觉得很失望，踉踉跄跄地坠落于地，接着又在空中盘旋了四次。此时银河刚刚从东方升起，于是他对着银河对岸的天鹰星座呐喊：“东方的白色明星啊！请带领我到你那里吧！就算会被烧死也无所谓。”

天鹰星语气傲慢地说：“不行！真是不像话。要想成为星星，必须要有相称的身份才行，而且还得花很多钱。”

夜鹰听了浑身疲软，翅膀一缩便直往下坠。夜鹰那脆弱的双脚在差一尺就要触碰到地面时，才突然像狼烟蹿起般飞向天空。夜鹰飞到半空中，就像攻击野熊的老鹰似的抖动了一下身体，并竖起全身的羽毛。

接着他发出凄厉高亢的叫声，叫声完全跟老鹰不分轩轾。其他在原野中、山林里睡觉的小鸟们都被吵醒了，纷纷心惊胆战地仰望星空，搞不清楚是怎么一回事。

夜鹰不断朝向天上飞去。就连烧山的大火看起来已经如同烟蒂般渺小，夜鹰依然不停往上飞。

气温冷到他呼出来的气在胸口都结成了白霜。因为空气变得稀薄，翅膀必须挥舞得更加急促才行。

尽管如此，星星的大小却始终没什么变化。夜鹰喘得跟风箱一样。寒风与霜气就像刀剑般刺痛着夜鹰。夜鹰的翅膀已经麻痹了，于是他睁开饱含泪水的眼睛再一次看着天空。没错，这就是夜鹰临终的瞬间。他已分不清楚自己是在坠落还是往上飞。身体是朝下还是朝上。只觉得心情很平静，虽然沾了血的大鸟喙横靠在一旁，但确实露出了一抹微笑。

过了一会儿，夜鹰很明确地睁开了眼皮，看见自己的身体发出美丽如磷火般的蓝色火光，静静地燃烧着。

在他身旁紧邻着仙后星座。银河亮白的光辉则是在正后方。

夜鹰之星仍继续燃烧着，永远不停地燃烧着。

直到现在也依然燃烧着。

爱吃炸虾天妇罗的贤治式蔬食主义

1918年（大正七年）5月19日，宫泽贤治在写给挚友保阪嘉内的书信当中说道："从这个春天开始，我将不再吃任何动物。"这种拒绝牺牲他者性命让自身活下去的思想，在《夜鹰之星》《要求很多的餐厅》等作品中都可以窥见。然而，在贤治向友人发表了蔬食主义宣言之后，他是否从此不碰一切荤食呢？答案是：并非如此。即使如此，对宫泽贤治而言，这并不意味着舍弃他素来秉持的理念与思想。

1921年（大正十年），贤治任教于稗贯郡稗贯农学校，身为教师的他为了避免个人主义妨碍学生广泛接触更多元文化，曾经短暂地打破蔬食主张，经常带着学生和友人前往位于吹张町

7–17 的“やぶ屋”[1] 用餐。他非常喜欢这间餐厅的炸虾天妇罗荞麦面和三矢苏打水，也常对学生及亲朋好友说：“今天去 BUSH[2] 吧！”学生菊井清人回忆有时候即使店家已经打烊了，宫泽老师仍会敲店门说：“不好意思，那么晚还来打扰你。因为有学生同行，可以麻烦让我们进去吃一餐吗？”

辞去教职之后，宫泽贤治便回归粗食淡菜的生活，不仅亲自种植蔬果，还利用自己的小屋成立了“罗须地人协会”，协助当地农民，从事农业改良与各式文艺活动。即使在他逝世这么久之后，当年他自耕的那亩田地仍由继承他的思想与理念的人们持续养护与耕作，通过这亩田地，让宫泽贤治的精神生生不息。

1，2 “やぶ”，草丛、灌木丛，其英语或德语音译即为“bush”。

土 神 与 狐 狸

暴露在阳光下的土神就像浑身着了火一样，他高举着双手抱在胸前，咬牙切齿地走来走去，越想越觉得每一件事都不顺心，更让他火冒三丈。

一

独木原野的北边尽头有一处微微隆起的地方。那里长满了狗尾巴草，正中央生有一棵美丽的桦树。

虽然不是很高大，但树干发出黑色光泽，枝繁叶茂、姿态曼妙。五月开满白花就像沾上了一层白云，秋天则会飘洒有着金黄、红色等各种颜色的落叶。

因此布谷鸟、伯劳鸟等候鸟以及鹪鹩、绿绣眼等小鸟都会停落在树上歇息。不过要是有年轻的老鹰飞来，小鸟们只会远远观望着不敢靠近。

这棵树有两个朋友。一个是住在距离刚好五百步远的皱巴巴谷地里的土神，一个是来自原野南方的棕色狐狸。

真要说起来，桦树比较喜欢狐狸。因为土神的名字里虽然有个神字，却长着满头乱发，就像是一束破烂的棉絮，还有一双火红的眼睛，身上的衣物简直跟海带没两样，总是打赤脚，指甲也又黑又长。相对地，狐狸就显得高尚许多，很少会做出惹人生气和不快的举动。

仔细比较的话，或许会发现土神比较老实，狐狸有些不可靠也说不定。

二

初夏的某个晚上，桦树身上长满了新生的嫩叶，散发出芳香的气息。天上的银河布满了星星，忽明忽灭闪烁个不停。

狐狸带着诗集来到树下玩。他穿着新做好的蓝色西装，脚上的红皮鞋也发出“叽叽”的响声。

“好个安静的夜晚哪！”

“是呀。”桦树轻声回应。

“天蝎星座匍匐在远方的天空。从前中国人用‘火’来称呼那颗红色的明星。”

“跟火星不同吗？”

“跟火星不同的。火星是行星，而那颗星星可是货真价实的恒星。”

“行星、恒星有什么差别呢？”

“所谓的行星呢，是自己不会发光的星球。也就是说接收来自别的地方的光源才能看起来像是在发光。恒星是自己会发光的星球。太阳当然就是恒星。虽然看起来又大又刺眼，但如果从极其遥远的地方看过去一样也会变得很小。”

“天啊，原来太阳也算是星球。这么说来，天空中有许多的太阳……哎呀，是星星才对……哎呀，还是不太对，是太阳啦。”

狐狸优雅地笑了。

“说的也是。”

“星星为什么有红的、黄的和绿的呢？”

狐狸又优雅地微微一笑，然后将手高高地环抱胸前，手上的诗集不停晃动着，但就是不见它掉落下来。

“你的疑问是，为什么星星会有橘色、蓝色等各种颜色吗？是这样的，所有的星球一开始都像是迷蒙的云。现在的天空中也还有很多的星云，像是仙女星座、猎户星座、猎犬星座等都有。猎犬星座是旋涡状。另外也有环状星云或是形状像鱼嘴的鱼口星云。现在的天空中仍存在着许多星云。”

“啊，有机会我也想看看。鱼嘴形状的星星，真不知有多漂亮啊！”

“的确是很漂亮。我曾经在水泽天文台看过。”

“啊！我也好想看哪。”

“我可以帮你呀。事实上我有跟德国蔡司订购望远镜，明年春天就能寄来，到时候就能马上让你观测星星。”狐狸不假思索地这么说，但立刻又暗自心想：“唉，我居然再一次对唯一的朋友说谎了。我真是没用的东西。可是我并没有恶意要说谎，我只想讨她的欢心而已。以后再老老实实说明真相吧。”

不知道狐狸默默在想着这些事的桦树满心欢喜道：“好高兴哟，你真的一直对我很亲切。”

狐狸有些心虚地回答：“是呀，为了你我什么都愿意做。你想不想读这本诗集呢？作者是名叫海涅的诗人，虽然是翻译的版本，但写得很好。”

“是吗？你愿意借给我吗？”

“当然没问题，请你慢慢欣赏吧。那我告辞了。咦？我好像还有什么事忘了说。”

“是关于星星色彩的问题。”

“啊，没错没错。不过下次再说吧。因为我不该打扰你太多的时间。”

“哎呀，没关系的。”

“我还会再来的，下次再见。书就留下来借你，再见。”狐狸匆匆离去了。

桦树叶片被南风吹得沙沙作响，她拿起狐狸留下来的诗集，书页间透着来自银河和整片星空的微光，她一页一页翻着。那本海涅的诗集里充满了《罗蕾莱》等美丽的诗歌。桦树一整晚都沉浸在诗集中。然而原野过了三点，就在金牛星座从东边出来不久，天色也开始发亮。

夜晚结束了，太阳逐渐升起。

青草沾满晶莹露水，花朵竞相恣意绽放。

浑身像是淋上铜水的土神顶着朝阳从东北方慢慢走来，像个老学究似的打躬作揖踱步而来。

桦树虽然觉得有些困扰，却还是舞动身上的叶片迎接土神的到来。微微摇动的树影洒落在青草地上。土神静静地走来站在桦树前面。

“桦树小姐，早哇。”

“早安。”

“我呀，不管怎么想还是有很多不明白的地方。这世界真是有许多不可解呀！”

“哦？像是哪些事呢？”

“比方说呢，草从黑色的土里长出来，为什么会如此青翠呢？甚至还开出黄色、白色的花朵。真叫人不解呀！”

“那难道不是因为草的种子本来就带有青色或白色的关系吗？”

“是呀，你说的虽然有道理但我还是搞不懂。比方说秋天的蕈类，明明没有播种却能从土里冒出来，而且还有红有黄，色彩缤纷多样，我实在不明白。”

“或许你可以去请教狐狸先生啊。”桦树因为想起昨晚关于星星的讨论不禁脱口而出。

听到这句话，土神的神色稍微起了变化，并握紧了拳头。

“什么，狐狸？狐狸说了什么吗？”

桦树语带怯懦地回答：“他没有说什么啦，我只是想说不定他或许会知道吧。”

“区区一只狐狸也想学神教人道理，真是不像话，哼！”

桦树吓得浑身颤抖。土神气得咬牙切齿，双手抱在胸前，不停地来回走动。黑色的身影落在草地上，连青草也吓得直发抖。

“狐狸实在是人世间的祸害，满嘴吐不出一句真话，生性卑鄙又胆小，还非常善妒。可恶，一点也不懂得守畜生的本分！”

桦树好不容易回过神来开口说：“你的祭典快要到了吧？”

土神的神色也稍微平缓了下来：“没错。今天是五月三号，还有六天就到了。”

土神稍微想了一下，突然又语气粗暴地说：“话又说回来呢，人类做事也太不周到了。最近我的祭典居然连一个供品也没有，可恶！下次谁要最先踏入我的势力范围，我一定要让他灰头土脸才行！”

土神又气得咬牙切齿。桦树原想安慰他，不料竟惹出他的新仇旧恨。桦树已不知如何是好，只能随着风晃动身上的叶片。暴露在阳光下的土神就像浑身着了火一样。他将双手抱在胸前，咬牙切齿地走来走去，越想越觉得每一件事都不顺心，更让他火冒三丈。最后他终于忍不住了，气急败坏地咆哮着走回自己的谷地。

三

土神住在有小型赛马场那么大的冰冷湿地，那里生有青苔、蔓草和低矮的芦苇。此外还到处长有蓟草和枝干佝偻扭曲的杨柳。

潮湿的地面上不断冒出红色铁锈的污水，看起来肮脏污浊，十分恶心。

湿地中央类似小岛的地方有一座高约六尺、木头搭造的土神祠堂。

土神回到岛上后直接躺在祠堂旁休息，然后开始搔起那双黝黑瘦脚的痒。土神看见一只鸟从自己的头上飞过，便立刻坐好大叫一声：“嘘！”小鸟受到惊吓，摇摇晃晃地越飞越低，逃向了远方。

土神这才稍稍露出笑容站了起来。可是当他远远看着桦树所在的小丘时，马上又脸色大变，整个人直立不动，很懊恼地不停用双手搔弄已经很蓬乱的头发。

这个时候有一个樵夫从谷地的南方走来。他好像是要到三森山去打工赚钱，所以昂首阔步沿着谷地边缘的小路前行，大概是对土神的事时有所闻，不时会抬头张望土神祠堂的方向。然而樵夫的眼睛无法看到土神的形体。

土神看见樵夫出现，高兴得脸颊发烫。于是对着樵夫伸出右手，并用左手抓住右手的手腕，用力往自己的方向拉。奇妙的是，还以为自己走在小路上的樵夫渐渐地就走进了谷地里面。更令人诧异的是，他的脚步越来越快，脸色也变得铁青，还嘴巴大张地猛喘息。土神慢慢地转动了一下右手拳头，只见樵夫开始绕着圈圈走路，眼看他越发张皇失措，气喘吁吁地始终在同一个地方打转儿。尽管急着想逃出谷地，偏偏就是困在同一个地方绕不出去。樵夫终于急哭了，举起双手狂奔。为此高兴窃笑的土神躺在一旁看着这一切。不久，又气又累的樵夫先是跌进水里，又慢慢地爬了起来。看到樵夫踉踉跄跄地没走几步就跌倒，土神一把抓起樵夫的身体往旁边的草地上丢过去。樵夫重重地掉进草丛中，发出了“嗯嗯”的呻吟声。他的身体好像动了一下，实际上却早已失去意识。

土神放声大笑。笑声变成诡异的音波划破天空。

响彻天空的笑声不久后也传到桦树的周围。桦树吓得脸色发青，仿佛被阳光穿透一般，身体也不停地抖动。

土神烦闷地用双手抓头发，心想：“我会这么不高兴都要怪狐狸。与其说是狐狸，更要怪桦树。都怪狐狸和桦树不好。可是桦树并没有对我生气。就是为了不惹恼桦树，我才这么痛苦。只要不去在意桦树，那狐狸就更不必说了。好歹我也是个神，那么在意狐狸实在说不过去。可是没办法，我就是在意。还是趁早忘了桦树吧！但偏偏就是忘不了。我就是心情烦闷才会去欺负可怜的人类。没办法呀，任何人一旦心情烦闷，谁知道会做出什么样的举动呢？”

土神独自觉得伤心又无奈。天空又飞过一只老鹰，但这次土神倒是一语不发地看着老鹰飞过。

远方传来噼里啪啦类似盐巴爆裂的枪弹声，好像是在进行骑兵演习。一道道蓝色光束从空中射到原野上。或许是被光束照射到，刚才被弃置在草丛里的樵夫总算清醒了，怯生生地坐起来不停地东张西望。

然后他突然站起来一溜烟地逃跑，迅速消失在通往三森山的方向。

土神看到后又放声大笑。笑声在传向蓝天的途中，直接落在桦树上方。

桦树的叶片又立即变色，身体也微微颤抖，但不容易被察觉。

土神不停地绕着自己的祠堂打转，好不容易让心情平静下来后，形体就像融入了祠堂一般瞬间消失。

四

八月一个起浓雾的晚上，土神感觉到一股无法言喻的寂寞和烦闷，于是又走出了祠堂，不知不觉间脚步已朝往桦树的方向前进。从前土神只要一想起桦树，心跳就会加快，感觉很无奈。近来心情平复了许多，因为他决定尽可能不去想狐狸，也不去想桦树，但难免还是会想到他们。土神每天都不断地告诫自己："我好歹也是个神吧，一棵桦树又能拿我怎么样呢？"然而心里还是觉得很难过，尤其是稍微想到狐狸，浑身就如同被火烧一般痛苦难耐。

土神一路胡思乱想地来到桦树附近，才发觉自己果然还是很想来找桦树，突然间心情开始振奋。他心想这么久没去了，或许桦树在等着自己也说不定。土神越想就越强烈地觉得是这样，甚至还同情起了桦树。土神不禁精神抖擞地迈开大步踩着草地前进，不料坚定的步伐很快就变得疲软。当场愣住的土神从头到脚陷入蓝色的忧郁里。因为狐狸已经在那里了。尽管夜已深沉，在朦胧的月光下，他仍听见浓雾中传来狐狸的声音。

"是呀，当然是那样。只是机械性地符合对称法则，不见得能成为美。那种美是死的。"

"你说得很对。"桦树以幽静的声音如此回应。

“真正的美并非像那种固定的化石模型。与其说要符合对称法则，其实更希望能具备对称精神。”

“我真的很有同感。”桦树温柔的声音又响起。

土神感觉浑身就像燃烧着熊熊的桃红色烈火，呼吸急促，简直无法忍受。土神在心中自责：什么事让你这么难过？不过就是桦树和狐狸在原野里做个简短的交谈而已嘛！一点小事就能扰乱心情，你也配叫作神吗？

狐狸又说话了。

“所以说呢，任何一本美学的书都会提到这种理论。”

“你有很多关于美学的书吗？”桦树问。

“多是不多啦，不过日文、英文和德文的几乎都有。最新一本是意大利文的，但我还没有收到。”

“想必你的书房一定很壮观吧？”

“没有啦，其实里面很乱。因为兼作研究室用，常常那边墙角有显微镜，这边则散落着《泰晤士报》、大理石的恺撒像这些，乱七八糟的。”

“天啊，那真是太壮观了。”

狐狸发出既像谦虚又像自满的一声“嗯”后陷入沉静。

土神简直听不下去了。狐狸说的那些话，显得好像狐狸比自己厉害。这一次他实在没办法用“自己好歹也是神”来自我安慰了。“唉！太痛苦了！真想冲出去一掌把狐狸劈成两半！但那么做岂不落实了我比不上狐狸吗？我到底该如何是好？”土神痛心疾首地挣扎着。

“上次说的望远镜还没送来吗？”桦树又开口问。

“哦，上次说的那个望远镜吗？还没呢，一直都没有送来。因为欧洲的航路十分拥挤，送到后我马上拿来借你。土星环可是很美的！”

土神用双手掩住耳朵，拔腿奔向了北方。因为他害怕自己要是再保持沉默，将不知会做出什么举动！

土神跑得快如闪电，直到快喘不过气来。当他趴倒在地时，才发现已经来到三森山脚下。

土神一边抓着头发一边在草地上打滚，然后号啕大哭。有时哭声就像巨雷一样传到空中，连原野也听得见。土神哭得筋疲力尽，直到天亮时才精神恍惚地回到自己的祠堂。

五

时序进入秋天。桦树仍浑身翠绿，但周围的狗尾巴草已长出金黄色的花穗在风中闪耀，各处的铃兰花也结出成熟的红色果实。

一个清新舒爽的金黄色秋日，土神的心情很好。仿佛今年夏天以来遇到许多的不愉快都化成了头顶上的光环，曾经有过的坏心思也都奇妙地烟消云散，如今桦树要跟狐狸说话他已无所谓，两人聊得投机愉快他也觉得很好。土神决定今天去跟桦树说这些话，于是踩着轻快的脚步往桦树的方向走去。

桦树远远就看到土神走过来。

她担心地颤抖着身体等待。

土神来到她面前，语气轻松地打招呼。

“桦树小姐，早上好。今天真是好天气呀。”

“早安！今天天气很好。”

“太阳还真是不错呀！春天是红色、夏天是白色、秋天是黄色。到了秋天变成黄色时，葡萄会变成紫色。真是太好了！”

“你说的没错。”

“我呢，今天心情非常好。今年夏天以来有很多的不愉快，好不容易今天一早忽然感到心情变得很舒爽。”

桦树很想开口回应，但心情很沉重，不知道该说些什么。

“现在的我愿意舍命帮助任何人。假如蚯蚓非死不可的话，我愿意代为偿命。”土神看着遥远的蓝天这么说。他的眼睛是那么的乌黑明亮。

桦树很想说些什么，但还是觉得心情十分沉重，只能微微叹了口气。

就在这个时候，狐狸过来了。

狐狸一看到土神也在，脸色立刻变了，但又不能打退堂鼓，只好微微颤抖地来到桦树面前。

“桦树小姐，早上好。眼前的这一位应该是土神吧？”穿着红皮鞋、棕色外套的狐狸一边挥舞着不合时序的夏帽一边打招呼。

“我是土神。天气很好，对吧！”土神心情开朗地回应。

狐狸因为妒恨而铁青着脸色对着桦树说：“你有客人，不好意思打扰了。上次答应借你美学的书和望远镜，等下一次的晚上再送过来。告辞了，再见。”

“哎呀，真是谢谢你。”桦树道谢时，狐狸没对土神告别一声就直接离去了。桦树吓得脸色铁青，身体微微颤抖。

土神先是茫然地目送着狐狸离去，直到看到狐狸脚上的红皮鞋在草地发出的反光才回过神来，顿时怒火中烧。狐狸装模作样地挺着肩膀直往前走。土神已然火冒三丈，脸色完全发黑。什么美学的书、望远镜，可恶的畜生！看我如何收拾你。土神猛然追了上去。

桦树连忙晃动起身上所有的枝叶。狐狸感觉有异，不经意地回过头来，只见土神就像是一股黑旋风追了上来。狐狸立刻脸色大变，嘴一扭，也像风一般地拔腿逃窜。

土神宛如草丛中一道燃烧的白色火光。原本亮白的天空也突然变成黑暗的洞穴，红色火焰在洞底发出燃烧的声响。

两人像呼啸而过的火车一样奔跑。

“完蛋了！完蛋了！望远镜、望远镜、望远镜。”拼命逃跑的狐狸脑海一隅不断冒出这些字眼。

眼前是一个光秃秃的小丘，狐狸试图钻进底下的洞穴而将身体蜷缩了起来，就在压低了头正要钻入洞口而抬起后脚时，土神已经从后面扑了上来。说时迟那时快，狐狸的身体被土神用力一拧，一颗头就无力地垂挂在土神的手上，尖长的嘴巴还仿佛露出了一抹微笑。

土神猛然将狐狸摔在地上，抬起脚狠狠又踩又踏了四五次。

之后土神又冲进了狐狸的洞穴，里面空空如也、又黑又暗，只有一大片的红土墙。土神张大了嘴巴，感觉有些不可思议地走了出来。

狐狸尸体软趴趴地倒卧在地上。土神将手伸进狐狸雨衣的口袋中，里面有两枝褐色的鸭茅穗。土神的嘴巴从刚刚便一直张大着，这时才放声号啕大哭起来。

他的泪水像下雨般落在狐狸身上，脖子蜷缩的狐狸仿佛带着一抹微笑，死去了。

卜多力的一生

又大又黄的月亮悄悄地爬上天空。当云海发出蓝光时，月亮就突然变得亮白；当云海发出粉红色光芒时，月亮便仿佛绽放出笑容。卜多力已忘了自己是谁、该做什么，只能茫然地看着眼前的景象。

一　森林

古斯科卜多力出生于伊哈托布（IHATOV）的大森林。他的父亲名叫古斯科纳多力，是知名的樵夫，不管多么巨大的树木，他都像哄小孩入睡一样能够轻易砍倒。

卜多力有个名叫芮莉的妹妹，两人每天在森林中嬉戏，甚至跑到可微微听见父亲锯树声的深处。两人将摘来的草莓浸泡于山泉中，轮流对着天空模仿山鸠的叫声，并聆听从四处传来的鸟儿们仿佛即将入睡的回应声。

母亲在家门前的小田地里种麦时，兄妹俩就坐在路边的草席上，用空罐头煮兰花。于是各种小鸟儿们就像是来打招呼般叽叽喳喳地从他们蓬乱的头发上飞过。

自从卜多力去上学后，白天的森林就变得很清寂。倒是中午过后，卜多力又会和芮莉一起在森林里的树干上用红土或木炭写上树名或是高声欢唱。

他们还曾经在由成串的啤酒花从两边垂下形成门一般的白桦树上写下“禁止布谷鸟经过”。

在卜多力十岁、芮莉七岁那一年，不知怎的，太阳从春天起就显得特别白亮。往年此时雪已融化，并开出白色的辛夷花，但今年却毫无动静。到了五月甚至还下着滂沱雨雪，到了七月底天气也不见变热，害得去年种下的麦子只长出空心的白穗，大部分的果树也只开完花就凋落了。

秋天终于来临，然而栗子树果然也只冒出带刺的绿色外壳，大家最常吃也最重视的谷物——米，则是连一粒也没长出来。整个原野已乱成一团。

卜多力的父母不时会将材薪运到平原，入冬则改用雪橇将大块木头运到城里变卖，但每次都失望地只换回少量的面粉。好不容易撑过了冬天，隔年春天将珍藏的谷子播种，可是情况还是跟前一年相同。到了秋天终于发生饥荒。这时几乎已经没有人上学，卜多力的父母也被迫停止所有工作。他们经常在忧心忡忡地讨论过后轮流进城，有时会带回些许的黍稷，有时则是面有难色地空手而归。他们一家人只能凑合着吃这些谷物、山药、蕨草根和柔软的树皮等食物勉强过冬。

然而到了春天时，父亲和母亲似乎都染上了重病。

有一天父亲抱着头想了许久后，突然起身说："我要去森林玩。"说完便步履蹒跚地走出家门。天黑之后也不见他回家。不管兄妹俩如何问母亲"父亲怎么了"，母亲也只是默默地看着两人的脸。

到了隔天傍晚，森林完全变暗的时候，母亲突然起身将炉里添了许多木屑照亮整个屋里。接着，母亲交代他们说："我要去找你们的爸爸，你们可以慢慢吃掉柜子里的面粉。"说完也步履蹒跚地走出家门。兄妹俩哭着追上去，只见母亲转过头斥责他们："怎么有这么不听话的孩子呢！"

母亲踉踉跄跄地走进了森林。两人号啕着跑来跑去，最后还是忍不住冲进了黑暗的森林。兄妹俩跌跌撞撞地来到啤酒花的门帘下、山泉旁，一整晚哭着喊妈妈。只见星星从林木间欲言又止地闪着亮光，受到惊吓的鸟儿们在暗处飞窜，却一点也听不到回应的人声。最后两人茫然地回到家，疲倦地倒在床上沉沉睡去。

卜多力睁开眼睛时已经是隔天的中午过后。

他想起母亲交代的面粉，于是打开橱柜一看，果然袋子里装有许多的荞麦面粉和枹栎实。卜多力叫醒芮莉，两人一起舔食面粉，并且升起了炉火，就像父母还在的时候一样。

就这样茫然无事地过了二十天，有一天门口传来叫唤声："有人在家吗？"卜多力以为是父亲回来了，于是赶紧冲出门来看，结果是一个身上背着竹篓、眼光锐利的男人。男人从竹篓中掏出圆形年糕丢在地上说："我来解救本地的饥荒。你们快吃吧。"看到兄妹俩一脸错愕的样子又说："吃呀！你们快吃呀。"两人这才小心翼翼地拿起来吃，男人一直看着他们进食。

"你们是乖孩子。可是当个乖孩子又有什么用呢？还是跟我一起走吧。反正男生本来就比较强壮，再说我也无法把两个人都带走。我说小女孩呀，你就算留在这里也没有东西吃，不如跟着叔叔进城去吧。叔叔每天买面包给你吃。"说完一把抱起芮莉放进背后的竹篓里，嘴里一边高喊着"噢嘿咿、噢嘿咿"，一边像风一般地冲出了大门。芮莉直到门外才开始放声大哭。"强盗哇、强盗！"卜多力哭喊着追了上去，只见男人已穿过森林跑向草原，芮莉颤抖的哭声也越来越小。

卜多力边哭边骂地追到森林尽头，终于体力不支地扑倒在地。

二　蚕丝工厂

卜多力猛然醒来时，头上传来单调平板的声音。

“你总算醒了。你以为还在闹饥荒吗？不如起来帮我做事吧？”

那是一个头戴褐色蘑菇帽、身穿外套和衬衫的男人，手上拿着用铁丝做成的东西。

“饥荒结束了吗？你说要我帮忙，帮什么忙呢？”卜多力问。

“帮我挂网子。”

“这里要挂上网子吗？”

“要哇。”

“挂上网子要做什么？”

“要养蚕哪。”

只见立刻有两个男人用梯子爬上卜多力前方的栗子树，拼命地将某种网子丢上去东拉西扯地调整，但卜多力却看不见任何网子或绳索。

“那样就能养蚕吗？”

“可以呀。你这孩子还真啰唆！喂，问那么多，只会触霉头。要是不能养蚕，我怎么会在这里盖工厂。当然可以养，眼前除了我之外还有很多人都靠养蚕过日子。”

卜多力这才声音沙哑地回应：“原来如此呀。”

“而且我已经买下了这整座森林，如果你想帮忙就留下来，不然就请你离开到别的地方。问题是无论你去哪里也不会有东西可以吃的。”

卜多力听了差点哭出来，好不容易才稳住情绪说：“那我愿意帮忙。可是网子要怎么挂上去呢？”

“我自然会教你。就像这样抓着……”男人用双手慢慢撑开手上的铁丝笼说，“看清楚了吗？这么一来就能变成梯子了。”

男人大步走向右手边的栗子树，将梯子挂在低矮的树枝上。

“好。轮到你了。你带着网子爬上去挂好。来吧，爬上去看看。”

男人将一颗奇怪的球交给了卜多力。卜多力不得已便带着那颗球沿着梯子往上爬，可是他越往上爬梯子越窄，手和脚几乎快被梯子给卡住了。

“继续往上爬。再爬高一点，继续再爬。然后扔出刚才给你的那颗球，要越过栗子树顶才行。对着天空扔出那颗球。搞什么嘛，你在发抖吗？没用的家伙。要扔出去呀！扔啊！快点，扔出去呀！”

卜多力只好不管三七二十一地用力往蓝天扔去，顿时太阳仿佛在他眼前变黑，于是他整个人倒栽葱般地摔落。好巧不巧，那个男人一把接住了他。男人将卜多力放在地面上的同时，嘴里还叨念着：“真是个没用的家伙！整个人软趴趴的。要不是我接住了你，恐怕早就撞破头了。我是你的救命恩人。今后可别再对我出言不逊了。对了，这一次换爬那棵树看看。再过一阵子，我会给你饭吃的。”男人交给卜多力一颗新的球。

卜多力带着梯子来到下一棵树将球给抛上去。

“很好，越做越熟练了。要知道球还多的是，所以不可以偷懒。只要是栗子树，就可以挂上网子。”

男人从口袋里掏出十几个球交给卜多力后，便径自往前方走去。卜多力才挂上三个网子，就觉得气喘如牛，身体已经疲惫不堪。他想走回家，可是举目往家的方向一看，原本的房子上面不知从何时起竟冒出红土烟囱，门口还挂着“伊哈托布蚕丝工厂”的招牌。刚才那个男人正一边吸烟一边从屋里走出来。

“孩子呀，我拿食物来给你吃了。吃完后，趁着天还没黑再帮我多做点事。”

“我不想做了，我要回家。”

“家？你家在那里？那里已经不是你的家了。那是我的蚕丝工厂。那间房子和这附近的森林都被我给买下来了。”

卜多力已经束手无策，只能默默吃着男人递上来的馒头，之后又挂上了十张网。

那天晚上，卜多力缩成一团睡在曾经是自己的家、如今已变成蚕丝工厂的建筑物角落里。

刚才的男人则是和另外三四个不认识的人围着炉火聊天喝酒直到深夜。隔天一大早，卜多力便来到森林做着跟前一天同样的工作。

过了一个月后，森林里的栗子树都被挂上了网子。养蚕的男人便又要求在每棵树上挂上五六片沾满类似小米的木板。不久之后树木发芽，整座森林变得绿意盎然。只见挂在树上的木板冒出许多泛着青色的白色蚕宝宝成列沿着绳索爬上枝头。

卜多力他们几乎每天都被要求砍柴。直到木柴在房屋周围堆积成山、栗子树的淡青色花朵开满枝头时，爬行在木板上的蚕宝宝，不论颜色还是形状也刚好发育成跟栗子花相似的模样。整座森林的栗子树叶也被那些蚕宝宝们啃食精光。

不久，蚕宝宝纷纷爬进网眼之中，开始结成黄色的茧。

这时养蚕的男人就像发了疯似的驱使卜多力他们将蚕茧采撷到竹笼里，然后一笼一笼地倒进锅里煮，同时用手转动鼓轮缫丝。他们不分昼夜地拼命转动三个鼓轮，并从中取得蚕丝。当黄色蚕丝几乎快堆满半间小屋时，放在外面的蚕茧开始有大白蛾破茧飞出。养蚕的男人神情变得更加气急败坏，不仅自己也拼命缫丝，还从原野找来另外四个人帮忙。可是破茧而出的大白蛾越来越多，甚至多到整座森林就像白雪纷飞一样。有一天来了六七辆马车，将目前收集到的所有蚕丝运送到镇上。每一辆马车也都会有一个人跟车，到了最后一辆马车要离开时，养蚕的男人交代卜多力："喂，屋子里我留了足够你吃到明年春天的食物。在那之前你就负责看守森林和工厂。"

然后他露出诡异的笑容随着马车迅速消失无踪。

卜多力茫然地留在原地。屋子里面就像遭到暴风雨肆虐一般脏乱不堪，荒芜的森林也像是被火烧过的模样。隔天，就在卜多力开始打扫屋内和房屋周围时，他在养蚕男人经常坐的地方发现一个破旧纸箱，里面塞满了十几本书，翻开一看，上面有很多蚕和机械的图画。有的书他完全看不懂，也有的书记载着各种草木名称和图画。

那年冬天，卜多力开始很认真地照着书上的文字、图画学习写字画图。

到了春天，那个男人带着六七名新的手下，打扮风光地回来了。隔天，又要求卜多力开始从事跟去年完全一样的工作。

就这样将所有的网都挂好、黄色木板吊在树枝上，并在蚕宝宝爬上枝头之后，卜多力他们又被叫去砍柴。某天早上，卜多力他们正在砍柴时，地面突然开始震动，同时远方还传来咚的一声巨响。

过了没多久，天色突然变黑，细小的灰尘不停地自天空洒落，森林顿时被覆盖成整片白色。卜多力他们吓得蹲坐在树下，养蚕的男人也神色仓皇地跑来。

“喂！你们大家听好，完蛋了。火山……火山爆发了！所有的蚕都被火山灰覆盖死了。你们马上给我撤退！喂，卜多力，你想留在这里也可以，不过这一次我不会留食物给你。问题是你留在这里很危险，不如去原野找个工作过活吧。”

他话一说完，立刻就走得不见踪影。卜多力回到工厂一看，那里已没有任何人留下。于是卜多力也垂头丧气地循着白色火山灰上众人的足迹往原野走去。

三 沼田

卜多力花了半天的时间才穿越被火山灰覆盖的森林往镇上走去。风一吹，火山灰就从树上洒落，又像烟尘，又像暴风雪。不过越靠近原野，火山灰就变得越薄，终于能看得见树木的绿叶，而众人的足迹也不见了。

好不容易走出森林时，卜多力不禁睁大了眼睛。因为从眼前的原野到遥远的白云下方，就像是由三张美丽的桃红色、绿色和灰色卡片所组成的一样。凑近一看，原来桃红色的部分是一整片低矮的花田，蜜蜂穿梭其间忙着采蜜。绿色部分是长有小小稻穗的草原，灰色部分则是水位不深的泥沼。彼此之间隔着一道窄堤，有人利用马匹进行着挖掘整土的作业。

卜多力走在原野上，过了一会儿看见路中间有两个人在大声争吵。右边那个蓄着红胡须的男人说：“不管你怎么说，我已经决定要大赚一笔。”

“跟你说不行就是不行。一次施那么多肥，就算稻子丰收，实际上长的也都是空穗呀。”

“才不是呢！根据我的推断，今年的高温肯定是过去三年的总和。今年我一定能种出三年的收获量让你瞧瞧！”

另外一个戴着白色斗笠、身材较高的老爹回应：

“不行，不行。我说不行就是不行。”

“我不管，我就是要做。等所有的花都埋进土里，接下来得撒上六十块的豆渣饼和一百担的鸡粪。临时才想到怎么做，忙都忙不过来了。要是角豆藤能派上用场，我也会拜托它们来帮忙啊！”

卜多力听到，不禁走上前去行礼。

“既然如此，请问可否雇用我呢？”

两人惊讶地抬起头来，一只手抚摩着下巴盯着卜多力看。不久后红胡须突然笑着说：“可以呀。那就拜托你来拉马吧。你要跟在我后面做事。至于成不成，到了秋天就能见分晓。我们走吧！真是太好了，刚好在缺人手的时候出现。”红胡须一边轮流对着卜多力和老爹说话，一边带头离去。

老爹站在后面喃喃自语“不听老人言，吃亏在眼前”，目送着他们的离去。

从此，卜多力每天都拉着马到沼田犁土。只见桃红色块和绿色块的土地都一一被犁成沼田。马儿有时会将泥水溅开，打到大家的脸上。犁好一块沼田就换下一块沼地。一天工作下来时间很长，常常累到连自己是不是在走路都分不清楚，甚至产生错觉以为泥土是麦芽糖、泥水是汤汁。风一阵一阵吹来，吹得旁边的泥水泛起鱼鳞般的涟漪，远处的泥水亮起如锡般的光辉。天上每天都有云彩飘过，看起来好像又甜又酸，悠游自在的模样让人好生羡慕。

经过了二十天，总算沼田的土都犁得差不多了。隔天一早，主人就精神抖擞地跟来自各地的帮手将短枪般的绿色稻秧插满沼田。大约用了十天插完秧后，主人又带着卜多力他们到那些来帮忙的其他人家做事。全部都轮过后，才又回到自家的沼田，开始每天除草。卜多力主人家的稻苗虽然长大了，沼田却还是黑色的，其他人家的稻田则是茫然一片的淡绿色。远远看过去，只有他们的沼田颜色跟别人的壁垒分明。

整整七天将草除完后，他们又去帮其他人家。

然而有一天早上，主人带着卜多力经过自己的沼田时，突然“啊！”地大叫一声，当场定住不动。只见主人的嘴唇发青、眼神发直地看着前方。

“生病了！”主人好不容易说出话来。

“头痛吗？”卜多力问。

“不是我，是稻子呀。你看！”主人指着眼前的稻茎说。

卜多力蹲下去检查，果然每一片叶子都长了过去不曾见过的红色斑点。心情沉重的主人默默无语地巡视一圈沼田后便准备回家。卜多力也很担心地尾随其后。主人不发一语地将毛巾拧干放在额头上，直接就在地板上躺下。过没多久，主人的太太从外面赶回家。

“听说稻子生病了，是真的吗？”

“是呀，已经完蛋了！”

“难道救不回来了吗？”

“应该不行了。就跟五年前的情况一样。”

“所以我不是要你别下那么大的赌注吗！老爹也一再阻止

你，不是吗？”

太太开始号啕大哭。主人突然振作精神起身说：“好吧。在这伊哈托布原野堪称数一数二大农家的我，怎么可能就这样认输呢！好，明年我非得成功才行。卜多力，你来我这里做事，大概都没有好好睡过一晚吧？接下来不管五天还是十天，随你高兴，好好睡一觉吧。之后我将在那块沼田表演一段精彩的戏法，而今年冬天我们家只有荞麦可吃。你喜欢吃荞麦吧？”

一说完，主人就戴上帽子出门了。

卜多力听从主人的嘱咐来到仓库打算睡觉时，因为还是很为沼田的事情烦恼，只好悄悄起床前去查看。不料主人不知从何时起已双手抱在胸前站在田埂上。沼田里注满了水，稻子仅微微露出叶尖而已，水面上还浮着一层闪烁的煤油。主人开口说：“我正在用闷死的方式治病。”

“煤油可以闷死病源吗？”卜多力一问，主人立刻回答：“把煤油从头上淋下去，就连人类也活不了。”说时还倒抽一口气，缩了一下脖子。

就在这个时候，下方沼田的主人气冲冲地跑来大声怒呛：“你为何将油倒进水里？油水都流进我家田里啦。”

谁知主人竟毫不在乎地冷冷回答：“你问我为什么要把油倒进水里，那是因为稻子生病了，所以我才把油倒进水里的呀。”

“那为什么会流到我家田里呢？”

“你问我为什么会流到你家田里？因为水会流动，油也就跟着一起流动了呀。”

“那你为什么不堵住排水口好让水不会流到我家田里呢？”

“你问我为什么不堵住排水口好让水不会流到你家田里，那是因为那个排水口又不是我家的，所以我不能将它堵起来呀。”

邻居男主人气得说不出话来，立刻跳进水里用泥土堵住自己家的排水口。主人这才大笑起来。

“那个男人很难相处。要是我把排水口给堵起来，他一定会来怪罪我为何那么做，所以我才会故意让他自己去堵住排水口。只要那里堵起来，过了今晚，田里的水就会漫过稻草顶端。咱们回家去吧。”说完主人便带头往回家的路上走。

第二天一早，卜多力又跟着主人来到沼田。主人从水中摘下一片稻叶检查后，脸色依然显得很沉重。隔了一天还是一样，又隔了一天也是没变，再隔一天情况依旧。到了再隔一天的早晨，主人似乎下定了决心说："唉，卜多力，看来得播种荞麦了。你过去那里将隔壁的排水口给敲开。"

卜多力听从指示做事。只见混了煤油的水稀里哗啦地直往隔壁家的田里流去。卜多力心想对方一定又会跑来大骂。果然，中午时分，隔壁男主人拿着一把大镰刀过来。

"喂！为什么让煤油流到别人家的田里呢？"

主人用丹田的力道发出声音回答："煤油流过去有什么不好吗？"

"这样稻子不就都会死掉吗？"

"究竟稻子会全部死掉还是不会全部死掉，你可以看看我沼田里的稻子呀。到今天已经整整四天泡在煤油之中，不是都还活得好好的吗？变红是因为生病，但长得好好的则是因为煤油的关系。煤油流进你的田里，不过只是经过稻子的根部，搞不好还能带来好处呢。"

“煤油也能当成肥料吗？”对方的脸色稍微柔和了一些。

“煤油能不能当成肥料，我是不知道啦。总之煤油不也是油吗？”

“煤油当然是油哇。”男人笑着说，心情已经完全变好。

积水渐渐退去，已经可以看见稻子的根部，上面长满了红斑，就像被大火烧过。

“田里的稻子要收割了。”主人笑着说完，便带着卜多力从头开始收割稻子，接着又立刻播下荞麦种子并盖上泥土。那一年果真如主人说的，卜多力家里只有荞麦能吃。到了隔年春天，主人说：“卜多力，今年的沼田比去年少了三分之一，所以工作比较轻松。相应地，你得认真读我那死去的儿子读过的书，帮我种出健康的稻米，好让过去笑我是吹牛大骗子的家伙们刮目相看！”

他说完后交给了卜多力一叠各式各样的书本。卜多力利用工作空当研读那些书本，尤其是对介绍古柏思想的书很感兴趣，反复读了好几遍。当他知道古柏在伊哈托布市开设一个月的课程时，不禁很想前去就读。

很快地在那年夏天，卜多力就立下了一个大功劳。卜多力用木灰和盐巴成功遏止了和去年同时期稻子所生的病。到了八月中旬，那些稻子开始长稻穗，每束稻穗也长出白花，白花逐渐变成绿色的稻壳，随风摇摆仿佛绿浪一般。主人十分得意，逢人便骄傲地吹嘘："我虽然在种稻方面下了赌注赔本四年，但今年将一举享有四年的收成。说起来也算是不错吧！"

然而隔年还是事与愿违。从插秧的时节开始老天就不下雨，以致灌溉的渠道干涸，沼田也干裂了，所以秋天的收成仅够勉强过冬而已。想说明年再继续努力，谁知下一年依然还是干旱。之后的每一年都想力图振作，但渐渐地，卜多力的主人已经没钱买肥料，甚至还得变卖马匹和沼田。

"卜多力呀，我曾经是伊哈托布的富农，赚了不少钱，可是因为接二连三的寒害和干旱，现在的沼田只剩下过去的三分之一，明年要用的肥料也买不起了。不止是我如此，明年买得起肥料的人，我看伊哈托布里也没几个吧。照这样子下去，恐怕将来我也没有钱付雇用你的薪资。你还年轻力壮，跟着我过活太委屈你了。说来抱歉，这些东西你拿着到别的地方去碰碰运气吧！”

主人给了卜多力一袋钱、一套蓝染的麻布新衣服和一双红皮鞋。

卜多力早就忘记过去工作的辛劳，甚至还考虑无偿地继续留下来帮忙，但仔细想想，就算留下来也没有工作可做，于是一再对主人道谢后便离开待了六年的沼田和主人，往火车站的方向迈进。

四　古柏博士

卜多力走了两个钟头来到火车站，买好车票搭上前往伊哈托布的火车。火车经过许多沼田，一路快速地往前奔驰。车窗外连绵的黑森林不停变换形体，终于也被远远地抛在后面。卜多力百感交集。他很想快点抵达伊哈托布市，想要见到写下那本亲切书本的古柏本人。可以的话，他想要半工半读，做出不再让大家痛苦耕作的沼田，也去除火山灰、寒害、干旱等自然灾害。一想到这些，他就觉得火车实在开得太慢了。火车在那天中午过后抵达伊哈托布市。一踏出车站，地面传来的隆隆声响、肮脏污浊的空气、来来往往的车辆等让卜多力目瞪口呆地站在原地良久，好不容易才回过神来，赶紧询问路人如何前往古柏博士的学校。结果问了许多人，每个人一看到卜多力异常认真的神情便放声大笑，不是回应“没听过那种学校”，就是回答“你再过去五六条街问看看”。

直到将近傍晚，卜多力才总算找到学校。从那栋行将毁坏的白色巨大建筑的二楼传来人的说话声。

“你好！”卜多力高声呼喊，可是没有人回应。

“你好哇！”卜多力用尽力气大喊。这才从头上的二楼窗口探出一个灰色大脸，鼻梁上的眼镜闪了两下。对方大声说：“现在正在上课中，你好吵哇！有事的话就直接进来。”

他说完便将头缩回去，里面发出哄堂笑声，那个人似乎不以为意地继续大声说话。

卜多力一鼓作气，尽可能不发出脚步声地爬上二楼。楼梯尽头的那扇门开着，卜多力走近一看，原来是间大教室，里面坐满了学生。最前方是一整面的黑色墙壁，上头画有许多白色线条，刚才那个戴着眼镜的高大男人正一边指着巨大高台模型的各个部位，一边就像刚才一样用很大的音量对着众人进行说明。

卜多力一眼就看出那是老师在书上称为“历史的历史”的模型。老师笑着转动其中一个把手，模型咔嚓一声变成奇妙的船的形状；再转动一次把手后，这次模型变成一只大蜈蚣的形状。

所有人都侧着头，露出丈二和尚摸不着头脑般的纳闷神情。卜多力倒是看得兴味盎然、津津有味。

“因此可以得出这样的图。”老师在黑色墙壁上画出复杂的图。

老师左手拿着粉笔奋笔疾书，学生们都很认真地跟着抄写。卜多力也从怀里掏出在沼田时使用的旧记事本依样画葫芦。老师已经画完了，站在讲桌前环视着学生们的举动。卜多力也画完了，正在从头到尾检查自己的图画时，坐在旁边的同学突然打起了哈欠：“啊……”

“请问这位老师叫什么名字？”

学生听了立刻露出轻蔑的表情冷笑着回答：“古柏博士呀，难道你不知道吗？”接着又上下打量着卜多力说，“你居然一开始就能画出这张图！这堂课我可是重复听了有六年哪。”

说完他便将笔记本收进怀里。就在这时教室里的电灯亮起，已经是傍晚了。博士站在前方宣布：“马上就要天黑了，我的课也全部结束了。按照以往的惯例，想接受测验的人可将笔记本拿给我看，并接受几个提问，好决定你们的归属。”

学生们一阵哗然，所有人都合起了笔记本。大部分的人直接就离开了，剩下的五六十人排成一列，经过博士面前时便摊开笔记本。于是博士会翻阅一下，然后提出一两个疑问，最后用粉笔在学生的衣领上写上“合格”“重修”“继续努力”等评语。这时学生们会担心地缩起脖子，等博士写好后仍微微缩着肩膀来到走廊，请朋友帮忙确认自己被写了什么评语，得知结果后自然有的人高兴，有的人失落。

学生们陆陆续续接受测验，终于只剩下卜多力一个人。当卜多力出示那本又破又小的笔记本时，古柏博士刚好打了一个好大的哈欠，身体也跟着向前倾，眼睛都快贴到笔记本上，使得笔记本差点就被博士给吸了起来。

不料博士似乎很满意地吐了一口气后说："很好，这张图画得非常正确。其他地方我看看。哈哈，原来是沼田的肥料、马的饲料哇。现在回答我的问题：工厂烟囱冒出来的烟，有哪些颜色呢？"

卜多力立刻大声回答："有黑色、褐色、黄色、灰色、白色、无色，还有以上颜色混在一起的颜色。"

博士听了大笑。

"无色的烟哪，很好。那你说说烟的形状！"

"没有风、烟又很大的时候，烟柱会往上蹿至云间，然后再往旁边扩散。有风的日子，烟柱会斜飘，倾斜的程度看风的强弱。烟柱之所以会变得断断续续，除了跟风有关系外，也受到烟囱本身的结构所影响。烟少的时候，可能会变成软木塞的形状。如果烟中夹杂了瓦斯等较重的气体，从烟囱口就会变成一坨，往四面八方而不是一个方向飘。"

博士听了又放声大笑。

"很好，你从事什么工作？"

“我是来找工作的。”

“有个不错的工作。我给你名片，你马上去问问看。”博士掏出名片，飞快地在上面写些字后交给了卜多力。

卜多力行礼致谢后准备走出门口时，看见博士用眼神致意，嘴里还喃喃自语“什么嘛，原来在烧垃圾呀”，同时还将用剩下的粉笔、手帕、笔记本一把丢进放在桌上的公文包里，然后夹着公文包从刚才探头出去的窗户一跃而下。大吃一惊的卜多力赶紧冲到窗口探看，没想到博士已坐在像玩具一样小的飞行船里往前直飞。卜多力简直快看傻了眼，只见博士停在远方那栋高大灰色楼房的屋顶上，将飞行船锁好后，走进建筑物里消失不见了。

五　伊哈托布火山局

卜多力根据古柏博士给他的名片按图索骥，好不容易找到一栋高大的褐色建筑物，房子后面矗立着一根有着球体的高大柱子，在夜空下显得特别明亮醒目。卜多力爬上玄关按了门铃，立刻有人出来应门。对方收下卜多力递出的名片，看了他一眼，马上就将卜多力带往走廊尽头的大房间。

里面有张卜多力从来没见过的大桌子。正中央端坐着一个头发有些花白，看起来好像很亲切、很有来头的名士，正在一边听电话一边写字。他一看到卜多力进来，就指着身边的椅子示意卜多力坐下，手仍继续写个不停。

房间右手边的墙壁上挂有一整面的伊哈托布地图，上面有涂上美丽色彩的大型模型，不论是铁路、城镇还是河川都能一目了然。在贯穿正中央如脊椎的山脉、沿着海岸迂回曲折的山脉以及散落在海中群岛的每一道分支山脉上面都亮着红色、橘色、黄色的灯，灯光颜色不停变动并发出类似蝉鸣的声响，也会有数字出现后又消失。靠在墙壁下方的柜子上面，将近百台的打字机排成三列，全都悄悄地自行运作并发出声响。就在卜多力忘我地看着这一切时，那个人已放下听筒，从怀里掏出名片夹，取出一张递给卜多力说："你就是古斯科卜多力君吗？这是我的名片。"

卜多力低头一看，上面写着"伊哈托布火山局技师——

潘内纳姆”。对方看到卜多力支支吾吾的连招呼都打不好，便更加亲切地说明：“刚刚古柏博士来过电话，所以我正在等你过来。今后你就在这里一边工作一边学习。这里的业务是去年才刚开始的，其实责任重大，而且有一半还得在不知道何时会爆发的火山上工作。说到火山的习性，很难靠现有的知识去掌握，所以今后我们必须更加努力才行。今晚已经帮你准备好住处，你可以好好休息。明天我再带你参观这整栋建筑物吧。”

隔天一早，卜多力在潘内纳姆老技师的带领下，一一参观了建筑物里的房间，也认识了各种机械的名称和功能。建筑物里的所有机械都跟伊哈托布境内的三百多座活火山和休眠火山连在一起，当那些火山开始冒烟、喷灰或流出熔岩时——当然有些外观好像无声无息的古老火山也会因为从中喷出熔岩、天然气而改变山的形状——就会转化成数字和图表显示爆发的情况。每一次产生剧烈变化时，模型就会个别发出声响警示。

卜多力从那天起开始跟着潘内纳姆老技师学习所有机器

的操作和观测方法，不分昼夜地努力工作与认真学习。两年过去了，卜多力可以跟着其他人前往各地的火山装设机械，装设的机械出问题时也能动手修理。卜多力对于伊哈托布境内的三百多座火山的情况已逐渐了如指掌。

事实上伊哈托布境内，每天有七十几座火山会冒烟或有熔岩流出，有五十几座休眠火山会喷出各种天然气或温泉。剩下的一百六十七座死火山之中，也有的不知何时会发生状况。

有一天，当卜多力在和老技师一起工作时，突然间机械感受到南方海岸的山姆多利火山出现异状。老技师大叫："卜多力君，山姆多利在这之前都很平静吧？"

"是的，而且以前也没看出山姆多利火山有爆发的迹象。"

"嗯，看来很快就要爆发了，应该是受到早上地震的刺激。那座山的北方十公里处是山姆多利市。一旦爆发的话，大概三分之一的山会被炸开喷向北方，大得跟牛、桌子一样的石块会连同炎热的火山灰、天然气覆盖住山姆多利市。无论如何得趁现在在附近海里钻孔，好让天然气和熔岩得以释放。我们马上前去看看吧。"

两人迅速做好准备，搭上开往山姆多利的火车。

六　山姆多利火山

两人在第二天早上抵达了山姆多利市，将近中午时分上山来到山姆多利火山顶附近放有观测机械的小屋。那里是山姆多利老火山口外缘面海处的缺口。从小屋的窗口往外看，可以看见海面上形成好几道蓝色和灰色的直线，有几艘吐着黑烟的汽船留下银色的航迹行驶于其间。

老技师默默地检查所有的机械，然后问卜多力："你认为这座山再过几天就会爆发呢？"

"我想应该撑不过一个月吧。"

"撑不过一个月？恐怕连十天都撑不过吧。再不赶紧处理，到时就无法收拾了。我认为这座山的面海处，是最弱的地方。"老技师指着山谷上的青草地说。草地上有着淡淡的云影掠过。

"那里只有两层的熔岩层，其他地层不是柔软的火山灰就是火山砾。而且有牧场的路可以通往那里，运送材料没有问题。我来申请工作队吧。”

老技师开始忙着联络局里。这时脚底下微微传来隆隆声，观测小屋也跟着晃动了一下。老技师放下机械说：“局里说马上就会派出工作队。说是工作队，其实一半算是敢死队吧。我之前从来没遇到过如此危险的工作。”

“十天内能完成吗？”

“一定可以的。装设机械三天，从山姆多利市拉电线过来要花五天吧。”

技师屈指一算并仔细想过之后，才略显安心地轻声说：“总之卜多力君，咱们先喝杯茶再说吧。毕竟风景这么漂亮！”

卜多力将带来的酒精灯点燃，开始烧水泡茶。天空逐渐出现云朵，加上太阳也西下了，海水变成寂寞的灰色，一阵阵的白浪直扑火山脚下。

忽然间卜多力发现眼前飞来一架似曾相识、形状奇特的小飞行船。老技师也跳了起来。

“啊！古柏君来了。”

卜多力跟着老技师冲出小屋。

飞行船降落在小屋左侧的巨大岩壁上，高大的古柏博士从机舱里跳了出来。博士先是看看该岩壁上有无较大的裂缝，好不容易找到后，便迅速拧紧螺丝将飞行船给固定好。

“我是受邀来喝茶的，晃得很厉害吗？”博士笑着说。老技师回答：“也还好啦。不过已经有岩石从上面掉下来了。”

就在这个时候，火山突然生气地发出怒吼，卜多力只觉眼前的天色似乎变暗了。火山仍继续摇晃，只见古柏博士和老技师都蹲下来紧紧抓住岩壁，飞行船就像是行驶在大浪中的船只一样也跟着慢慢摇晃。

地震终于停了，古柏博士赶紧起身走进小屋。小屋里的茶壶掀倒了，但酒精灯的蓝色火焰还继续燃放着。古柏博士仔细检查了所有机械，然后跟老技师讨论了许多。最后他说：“看来所有的潮汐发电厂得在明年都完工才行。如此一来，遇到类似今天这样的状况就能当天处理完毕，也能施下卜多力曾经提过的沼田肥料。”

“到时候就连干旱也不用怕了。”潘内技师也说。

卜多力听了感到很兴奋，甚至高兴得想冲到山上。事实上就在这个时候，火山又剧烈地震动起来，把卜多力给摔倒在地板上。博士开口说：“震得很厉害呀，相信山姆多利市也能感受得到。”

老技师也说：“看来刚才从我们脚下到北方一公里远的地底七百公尺处，有块大约是这间小屋六七十倍大的岩块掉进了熔岩里。不过要等到天然气冲破岩壁，至少还要一两百块同样大的岩块掉进熔岩里才行吧。”

博士听了，想了一下后表示：“对了，我要先告辞了。”

说完他走出小屋，纵身跳进了飞行船里。老技师和卜多力目送博士离开，博士晃动了两三次灯光以示道别，然后绕着山头飞离而去。两人回到小屋后轮流睡觉与观测状况。等到黎明工作队抵达山脚时，老技师留下卜多力驻守小屋，独自下山前往昨天手指的那片青草地。每当风从山下吹上来时，卜多力就能清楚听见众人的说话声、钢材的触碰声等，仿佛近在咫尺。潘内技师也会随时通知他工程的进度，并询问天然气的气压和火山形状的变化状况。接下来的三天里，在强烈的地震和地鸣中，不管是卜多力还是山下的工作队几乎都无暇入睡。到了第四天上午，老技师发来信息说："卜多力君，准备已经妥当，你赶紧下来。因为小屋到了下午将不复存在。"

卜多力立刻听从指示下山，原本放在火山局仓库里的大型钢材已在山下搭建成高台，各种机械只要一通电就能立刻启动。

潘内技师面容憔悴、脸颊凹陷，工作队的人们也脸色铁青但目光依然炯炯有神，即使如此他们还是笑着跟卜多力打招呼。

老技师说："我们撤退吧，大家准备好就上车。"

所有人都迅速爬上二十辆汽车。车队排成一列，直奔山姆多利市。技师让汽车停在火山和城市的正中间宣布："我们在这里搭帐篷，然后大家都睡一觉吧。"

大家也都累得不发一语，听从指示立刻倒头就睡。那天下午，老技师放下电话后大喊："电来了。卜多力，我要启动了！"

老技师按下了开关。卜多力他们都走出了帐篷，凝视着山姆多利的山腰。原野上开满了一整片的白色百合，矗立在后方的山姆多利山是蓊郁的绿色。

突然间山姆多利的左下角开始松动，一股黑烟才刚冒出就立刻蹿上天际，变成奇妙的蕈状。山脚下流出金黄色的熔岩，眼看着熔岩逐渐弥漫变成扇形流进了海洋。这时地面开始激烈晃动，百合花也都跟着摇晃，接着是轰然一声巨响，几乎将大家都给震倒。然后一阵风吹了过去。

“成功了！成功了！”大家都指着那里大声欢呼。山姆多利的浓烟在空中扩散开来，天色顿时变得阴暗，灼烫的碎石纷纷从天而降。所有人都躲进帐篷里，神色显得很担心。潘内技师一边看着手表一边宣布：“卜多力君，已经没有危险了。市区应该只会降下一些火山灰吧。”

碎石渐渐都变成了火山灰，并且很快地变薄，大家又跑出帐篷外。原野蒙上一层灰色，天空变成了绿色。山姆多利火山旁则是多了一个小山丘，灰色浓烟还是不停从那里往上冒。

那天傍晚，所有人一起踩着火山灰和石砾回到了山上，将新的观测机械装好后才回家。

七　云海

之后的四年里，一如古柏博士的计划，人们沿着伊哈托布的海岸线配置了两百多个的潮汐发电厂。环绕伊哈托布的火山上也依序设置了观测小屋和涂成白色的钢架高台。

卜多力成为副技师，一整年大部分的时间都在巡视各个火山，或是解决出了问题的火山。

隔年春天，伊哈托布火山局在各地的村庄城镇张贴了以下的海报：

氮肥施放通知

今年夏天，本局将通过雨水，针对民众的沼田和菜圃施放硝酸铵肥。因此有预定施肥的民众，敬请注意斟酌用量。投放量为每一千平方米一百二十克。

届时也会施放少许雨水。

由于可降下即使遭遇干旱也不至于导致作物干枯的雨水量，过去因为缺水而不敢耕种的沼田，今年请毫无后顾之忧地播种。

那年六月，卜多力驻守在伊哈托布正中央的伊哈托布火山顶的小屋里。底下是一整片灰茫茫的云海，伊哈托布境内的各个火山顶，就像黑色小岛般突出于云海之上。上面有一架尾部喷着白烟的飞行船，仿佛架设桥梁般在一座又一座的山峰间穿梭。喷出的白烟随着时间逐渐变粗而沉入云海里。不久，整片云海就像张起一面微微散发着白光的大网，盖住了所有的山峰。接着飞行船不再排放白烟，而是开始画圈圈，仿佛在跟卜多力打招呼一般。最后，船头向下一沉便没入了云海之中。

电话声响起了，听筒传来潘内技师的声音。

“飞行船刚刚回来，底下也都准备妥当。雨已开始下了，我想差不多是时候了，你可以启动了。”

卜多力按下开关。只见刚才那张白烟织成的网开始闪烁出缤纷绚丽的粉红色、绿色、紫色等刺眼亮光。卜多力简直看傻了眼。随着太阳的西下，当云海的亮光消失后，又变回了暗淡的灰色和黑色。

这时电话又响了。

“硝酸铵肥已经在雨水中形成了，这样的分量刚好。移动的情形也很不错。再过四个小时，该地区这个月的施肥量应该已经足够。你继续努力吧！”

卜多力高兴得几乎快跳了起来，心想云海下方不管是从前的红胡须主人，还是质疑煤油也能当成肥料的隔壁邻居，大家都正欢欣鼓舞地听着下雨的声音吧，然后到了第二天早上，也会惊讶地伸出手抚摩起死回生的绿色稻子。卜多力一边怀疑自己是否在做梦，一边眺望着忽而变暗忽而散发美丽光彩的云海。短暂的夏夜似乎已即将天明，在电光闪烁之间，云海的东方已微微开始泛黄。

不料那是月亮出来了。又大又黄的月亮悄悄地爬上天空。当云海发出蓝光时，月亮就突然变得亮白；当云海发出粉红色光芒时，月亮便仿佛绽放出笑容。卜多力已忘了自己是谁、该做什么，只能茫然地看着眼前的景象。

电话声再度响起。

“这里打了不少雷，网子似乎已经四分五裂。再这样子继续下去，明天的报纸一定会大肆评论，再过十分钟就结束吧。”

卜多力将听筒挂好后，竖起耳朵聆听。果然，云海四处传来轰隆隆的闷响。再仔细一听，确定是断断续续的打雷声。

卜多力关掉开关。完全笼罩在月光之下的云海也静静地往北移动。卜多力用毛毯包住了身体，很快地入睡了。

八　秋天

尽管多少也受到气候的影响，但因为那年农收是这十年来最好的一次，火山局收到许多来自各地表达感谢和鼓励的信件。卜多力有生以来头一次感觉人生充满意义。

然而有一天，卜多力从塔奇纳火山巡视归来的途中，经过一座沼田刚收割完毕的小村庄。因为正值中午，他想买面包果腹，于是前往一间卖杂货和点心的店家问道：“有没有面包呢？”

里面坐着三个打赤脚的人正在喝酒，喝得眼睛都充血发红了。其中一人站起来说了些莫名其妙的话：“面包是有哇，但是不能吃。因为是石头。”

其他人也像看热闹似的盯着卜多力放声大笑。卜多力心里觉得很不是滋味，转身便走了出去，迎面走来一个理平头、身材高大的男人看到他，劈头就说：“喂，你不就是今年夏天用电力施洒肥料的卜多力吗？”

“没错，就是我。”卜多力不觉有异地回答。

那个男人提高音量大喊：“火山局的卜多力来了！大家快集合呀！”

于是多达十八个农民纷纷从家中或从附近的田里带着冷笑跑了过来。

“混账东西，都是因为你用电力，害得我们的稻子全都死了。你为什么要这么做？”其中一人说。

卜多力心平气和地回答：“怎么会死了？难道你们没有看过春天时张贴的海报吗？”

“可恶的家伙！”突然间有一人将卜多力的帽子打掉，接着其他人蜂拥而上，对着卜多力又踢又打。卜多力终于不省人事地倒卧在地上。

醒来时，卜多力发觉自己应该是躺在某个医院的白色病床上，枕边有许多慰问的电报和来信。卜多力浑身发烫和刺痛，根本连动都不能动。还好经过一个礼拜后，卜多力的精神已恢复得差不多了。之所以发生这次的事件，原来是因为有一名农业技师教了农民错误的施肥方法，为了掩饰自己的过错而将害死稻子的错推给火山局。当卜多力从报上得知原因时，不禁一个人放声大笑。

隔天下午，医院的工友走进来说：“有位叫芮莉的妇人来看你了。”

卜多力怀疑自己该不会是在做梦吧。不久之后，一名皮肤黝黑、看似农妇的女人怯生生地来到他面前。尽管外貌完全都变了，可眼前的人的确就是在森林中被带走的妹妹芮莉。两人一时之间无言以对，好不容易卜多力才开口问起妹妹后来的遭遇，而芮莉则用着伊哈托布的农民口音娓娓诉说自己在这些时日的经历。带走芮莉的男人似乎三天后便受不了了，将芮莉丢在某个小牧场的附近便消失无踪。

芮莉哭着在路上游荡，牧场的主人看她可怜便收容了她，要她帮忙带小孩。后来芮莉学会做各种农活和家事，就在三四年前嫁给了小牧场主人的大儿子。芮莉还说今年因为下雨施肥，让她省去了将马肥运送到远处田地的辛劳，只需就近施放在芜菁田里，而远处种的玉米收成也很好，一家人都很高兴。她也和主人的儿子回去那座森林找过许多次，因为看到老家已破旧不堪，也不知道卜多力的行踪，每次都失望而归。昨天因为主人在报上看到卜多力受伤的消息，她才知道来这里找人。卜多力答应伤好之后一定会去牧场拜访与道谢，芮莉便先回去了。

九　卡鲁波纳德岛

接下来的五年，卜多力真的过得很快乐。他也经常回到红胡须的主人家道谢。

主人虽然年纪大了，却依然精神抖擞，现在除了饲养上千只兔子，也在田里种红色甘蓝菜，尽管生性还是喜欢放手一搏，但日子始终过得富足。

芮莉生了一个可爱的男孩。冬天的农事一忙完，芮莉就会将儿子打扮成十足的农夫样，在丈夫的陪同下一起来卜多力家玩，有时还会住下来。

有一天，从前一起在养蚕男人手下工作的伙伴前来跟卜多力说，他父亲的坟墓就在森林深处的大榧子树下。据说当初养蚕男人到森林里查看每棵树时，发现了卜多力父亲冰冷的遗体，为了不让卜多力知道而偷偷埋在土里，并在上面插了一根白桦树枝。卜多力立刻带着芮莉他们前往那里，用白色石灰岩重新盖了一座坟墓，从此每次经过那附近就会过去祭拜。

就在卜多力二十七岁的那一年，可怕的寒冷气候似乎又将来袭。气候观测所根据太阳和北方海上流冰的状况于当年二月向大家发出了寒害预报。预报果然逐渐成真，先是辛夷花不开，接着到了五月还一连降下十天的雨雪，大家不禁回想起上一次的歉收，内心十分焦虑不安。古柏博士也经常和气象、农业的技师们共同商议，并在报上发表意见，但似乎对这严寒的天气仍束手无策。

一进入六月初，看到还是黄色的稻苗和长不出绿芽的树木，卜多力感到坐立难安。他想如果能平安度过这次的灾害，不管是在森林还是原野，就像那年一样，将会多出许多情同家人的朋友。卜多力一连好几个夜里不吃不喝地陷入沉思。某天晚上，他造访了古柏博士家。

“老师，如果大气层里的二氧化碳增加，天气就会变温暖吗？”

“应该会吧。因为据说从地球成形到现在的气温，完全都是取决于空气中二氧化碳的含量。”

“现在要是卡鲁波纳德火山岛爆发了，是不是会喷出足以改变现在这种气候的二氧化碳呢？”

“关于这一点我也计算过。如果火山岛现在爆发，二氧化碳气体立刻将随着上层循环气流的风包覆住整个地球，下层空气就能阻挡地表温度的流失，所以整个地球的温度平均应该可以上升五度左右吧。”

“老师，有没有办法能让火山岛现在就爆发呢？”

“应该可以吧。问题是那么做的话，最后一个人将无法逃脱。”

“老师，让我来做吧。请老师帮忙说服潘内老师取得准许。”

“那可不行，你还这么年轻，而且没有人能取代你现在做的业务。”

“像我这样的人，今后还会更多。他们会比我更能干，也能轻松愉快地将事情做得更完美、更成功。”

“这件事我无法决定，你还是去跟潘内技师说吧。”

卜多力回来后，马上去找潘内技师商量。技师听了点头说：“你的想法很好，但应该由我来执行。我今年已经六十三了，很乐意为此牺牲性命。”

“老师，这件事并不确定能办成功。就算顺利爆发了，说不定气体会被雨水给带走，也很有可能事情发展并不如我们的想象。如果老师罹难了，恐怕就没有人能处理善后工作了。”

老技师低着头，沉默不语。

三天之后，火山局的船紧急开往卡鲁波纳德岛，并在岛上搭建了好几座高台，连接上电缆。

待一切作业结束后，卜多力让大家搭船回去，只留下自己一个人在岛上。到了第二天，伊哈托布的人们看到蓝天变成混浊的绿色，太阳和月亮也变成黄铜色。

又经过了三四天，气候开始逐渐暖和了起来。到了秋天，农收几乎已恢复到跟往年差不多。就像这个故事的开头一样，许多卜多力的父亲、母亲带着许多的卜多力和芮莉，吃着热乎乎的食物、点燃明亮的柴火，一起幸福愉快地过冬。

其实是个不可思议的登山达人？

无论是在《卜多力的一生》中出现的森林和山姆多利火山，又或是《东岩手火山》一诗中如梦似幻的火山口风景，宫泽贤治的作品里可见大量关于山脉、地质与矿物的细致描写。正如他在自费出版的童话集《要求很多的餐厅》序言中所写：“我所述说的这些故事，都是来自于森林、田野和铁道之间，是彩虹与月亮赐予的礼物”，日光、酸素、蛋白石，自然地景与元素不仅建构出宫泽贤治独特的文学世界，也成为后世研究者乐此不疲的讨论主题。

宫泽贤治热爱登山，在他短暂的三十七年生涯中，光是家乡附近的岩手山就有过他三十几回的登山记录。

海拔 2041 米的岩手山位于日本东北岩手县，宫泽贤治在初中二年级随着舍监首度登上岩手山，此后便爱上这座有着“南部富士”之美誉的山脉。天生体弱多病的他，唯独在登山时能够展现出宛如神明附身般的体力与脚力。同学阿部孝日后忆起初中二年级那次登山活动时说道：“最令我感到不可思议的是，第一次登山的贤治竟有如此脚力。平常，他在学校不过是个脸色苍白、弱不禁风的小少爷，体育成绩也总是吊车尾，没想到爬山时却像个英雄般发出光芒，而我只能在他身后望着他奋勇前行的背影。他那虚弱的身体何以能够涌现出如此令人瞠目结舌的力量，对我来说是道解不开的谜。”

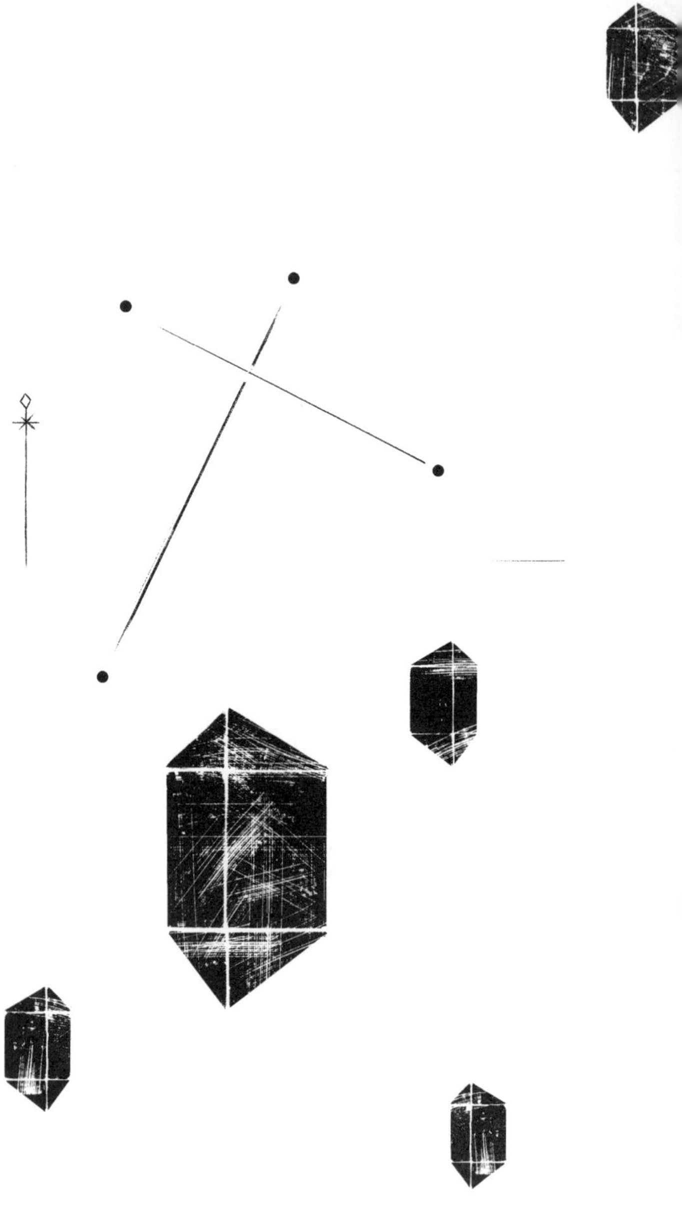

银河铁道之夜

你要好好拿着自己的车票！你已经不是在梦中的铁道上，必须要迈开大步走向真实世界的烈焰与骇浪中。你绝对不能遗失掉那张银河中唯一的车票。

一　下午的课堂

“各位同学，这条白茫茫的带子，有人说它像河流，也有人说像是牛奶泼洒流泻的痕迹，你们知道它实际上是什么东西吗？”黑板上挂着一大幅黑色星座图，老师手指着图中由上而下白色而雾蒙蒙的银河问学生们。

康帕内拉举起了手。之后又有四五名学生也举起了手。原本乔万尼也准备举手，但马上又打消了念头。乔万尼确知那些白点全是星星，他曾在杂志上读到过，但因为近来他几乎每天上课都想打瞌睡，既没有时间读书，也没有书可以读，所以对任何事情都感到不是很有把握。

然而老师很快就注意到他的动作。

“乔万尼，你是不是知道答案呢？”

乔万尼立刻起立站好，可是一旦站了起来反而无法明确作答。坐在前面的札内利回过头来看着乔万尼窃笑，害得乔万尼面红耳赤十分难为情。于是老师又问：“如果用大型望远镜仔细观察银河的话，会发现银河大概是由什么所组成的呢？”

乔万尼心想应该就是星星没错，但还是无法立刻说出答案。

老师似乎觉得有些困惑，便将目光移向康帕内拉说：“康帕内拉，你说呢？”

不料刚才那么积极举手想回答的康帕内拉，却也是扭扭捏捏地站了起来无法回答。

老师很意外地盯着康帕内拉好一会儿，才赶紧将手指着星座图改口说道：“好吧，如果用大型的精良望远镜观察这道白茫茫的银河，就会看到许多的小星星。乔万尼，是不是这样子呢？”

乔万尼红着脸点点头，但不知道从何时起，乔万尼的眼眶中已积满了泪水：“没错，我明明知道的。当然康帕内拉也知道。康帕内拉的父亲是博士，那时候在康帕内拉家，我们两人一起在杂志上读到的。而且康帕内拉看完那本杂志后，还从他父亲的书房里捧出一本很厚的书，翻开银河的篇章。那张黑色夜空中布满白点的美丽照片，两人还一起欣赏了好久。照理说康帕内拉不可能忘记这件事情，然而他却没能立刻作答的原因，是因为我最近早上和下午都得辛苦工作，即便来上学也无法跟大家玩在一起，和康帕内拉之间也变得很少说话，康帕内拉知道我的情况，所以同情我而假装自己不知道答案。”一想到这一点，乔万尼不禁觉得自己和康帕内拉都好可怜。

老师继续讲课。

“所以说，假设这条银河是真的河川，那么一颗颗的小星星就相当于河水里的砂石或砂砾。如果想象成是巨大的牛奶流泻的痕迹，事实上也跟银河很类似。也就是说，这些星星相当于漂浮在牛奶中细微的脂肪球。至于河水又是什么呢？那是一种快速传递的光，叫作真空。就连太阳、地球也都漂浮在其中。换句话说，我们全都住在银河的水中。若从银河中央往四周看去，就像水越深颜色越蓝的道理一样，银河越深远的地方看起来就好像聚集了越多星星，所以才会看起来白茫茫一片。大家看一下这个模型。”

老师指着一大片双面凸透镜，里面装有许多闪闪发亮的细砂。

“银河的形状就像这样，这些闪闪发光的砂粒一如我们的太阳，可以想成是会自体发光的星星。我们的太阳位于正中央，地球则在旁边。大家可以想象晚上站在中央环视整个凸透镜里面的样子。因为这里的镜片较薄，只能看见些许的光粒，也就是星星。而这里和这里的镜片较厚，因此可以看见更多的光粒，也就是星星，而且从远方看会变成白茫茫的一片，这就是我们现在称为银河的由来。关于这个镜片究竟有多大以及镜面里面的各种星星，因为下课时间到了，我们下一次上物理课时再说明。今天有银河祭，大家不妨到外面仔细观察夜空。好，今天就上到这里，大家把课本和笔记本收起来。”

教室里顿时响起一阵开关桌盖、收拾书本的声音，接着大家起立站好，跟老师行过礼后才走出教室。

二　活字印刷厂

乔万尼走出校门时，七八个同班同学还不回家，簇拥着康帕内拉聚集在樱花树下。他们似乎是要讨论摘王瓜[1]的事，因为晚上的银河祭会用王瓜做成散发出蓝色光芒的灯笼放水流。

可是乔万尼还是大幅地挥动双手，快步冲出了校门。镇上的人家都忙着挂上水松叶做成的吊饰、将灯笼挂在桧树枝头等事，为今晚的银河祭做好各种准备。

没有直接回家的乔万尼在镇上转了三次弯，来到一间很大的活字印刷厂，脱了鞋走进去后，打开走廊尽头的大门。尽管是大白天，房间里面却开着灯，好几台轮转印刷机发出声响地运转着，许多头上绑着布条或戴着工作帽的工人们像是唱歌般，嘴里念念有词地一边数数，一边工作。

乔万尼走向坐在从门口数来第三张高脚桌的男人面前鞠躬行礼。对方在柜子里翻找了一下，拿出一张纸交给乔万尼说："今天捡这么多应该没问题吧？"

乔万尼从那个人的桌脚底下拉出一个扁平箱子，然后蹲在对面亮着许多电灯的墙角下，开始用小镊子捡一个又一个

1 王瓜俗称土瓜、公公须或野甜瓜。果实呈椭圆或近于圆形，表面具十条白绿相间的纵条纹，成熟时呈橘红色。

跟米粒一样大的铅字。一名系着蓝色围裙的工人经过他背后开口说："嗨，小放大镜，早哇。"

附近的四五名工人听见后头也不回地暗自窃笑。

乔万尼不停地揉着眼睛，捡起越来越多的铅字。

六点的钟敲过没多久，乔万尼将放满刚才所捡铅字的扁平箱子，重新和手上的纸张核对过后，拿去交给刚才坐在桌前的那个男人。对方不发一语地接过后，只微微点了一下头。

乔万尼行完礼，便打开门来到会计的柜台前。身穿白袍的会计同样一语不发地交给了乔万尼一枚银币。乔万尼立刻面露喜色，用力行礼后，一把拿起放在柜台下的书包夺门而出。他精神抖擞地吹着口哨，到面包店买了一块面包和一包方糖，接着立刻拔腿狂奔。

三　家

乔万尼急忙赶回他那位于后巷里面积不大的家。三扇门一字排开，最左边门前的木箱里种有紫色羽衣甘蓝和芦笋。

两扇窗户上的遮阳板也都关着。

“妈妈，我回来了。您身子还好吗？”乔万尼一边脱鞋一边问。

“啊，是乔万尼呀。你工作很辛苦吧。今天很凉快，我的状况一直都很好哇。”

乔万尼走进玄关，他的妈妈盖着一条白布睡在最靠近大门的房间里。乔万尼打开了窗户。

“妈妈，我今天买了方糖回来，想加进牛奶里给您喝。”

“是吗？你先吃饭吧，我还不饿。”

“妈妈，姐姐什么时候回去的？”

“哦，她三点左右回去的，窗边那些都是她帮我做的。”

“妈妈的牛奶还没送来吗？”

“好像还没送来吧。”

“那我过去拿吧。”

“不急，我晚一点再喝也没关系，你先吃饭吧。姐姐今天用西红柿做了点吃的才走的。”

“那我先吃饭吧。”

乔万尼拿起放在窗边的一盘西红柿，配着面包狼吞虎咽地吃了起来。

“对了，妈妈，我想爸爸应该很快就会回来的。”

“是呀，我也这么认为。不过你怎么会这么想呢？”

“因为今天的早报写着今年北方的渔业大丰收。”

“可是你爸爸说不定没有去捕鱼呀。”

“他一定有去啦。爸爸不可能会做出被关进监狱里的坏事。之前爸爸捐给学校的大螃蟹壳和驯鹿角，现在都还放在标本室里。在六年级的课堂上，老师会轮流带去教室让大家看。”

“你爸爸不是说下次要带海獭毛皮外套给你吗？”

“大家都说一定很适合我。不过他们是在笑我。”

“他们会说你的坏话吗？”

“嗯，只有康帕内拉绝对不会说。当大家说我坏话时，康帕内拉会同情我。”

“康帕内拉的父亲和你爸爸是从小一起长大的朋友，就像你们一样。”

“是呀，所以爸爸曾经带我去康帕内拉家玩。有时我在放学回家的路上，会绕去康帕内拉家。他们家有一辆用酒精灯就能跑的火车。七段铁轨组合起来就是一个圆圈，上面还有电线杆和号志灯。号志灯只有在火车经过时才会亮绿灯。有一次酒精烧完了，我们改用煤油，结果把酒精瓶给烧得乌漆抹黑。”

“这样子呀。”

“我现在每天还是会去送报纸。可是每次去他们家都静悄悄的。”

“因为还太早的关系嘛。”

“他们家有只叫作札威的狗，尾巴就跟扫把一样。每次我一去，它就会用鼻子发出呜呜的叫声，跟在我后面，一直跟到街角才回去，有时还会更远。听说今晚大家都会到河边放王瓜水灯。那只狗一定也会跟去的。”

“对呀，今晚有银河祭。”

“嗯，我去拿牛奶时会顺便逛一下。”

“好哇，你去吧。可是别下河哟。”

"好，我只会站在岸边看。大概一个钟头就回来。"

"你可以玩得久一点。只要是跟康帕内拉一起，妈妈就不会担心。"

"我一定会跟他一起的。妈妈，需要我把窗户关上吗？"

"好，谢谢你。天已经变凉了。"

乔万尼起身关上窗户，收拾完盘子和面包袋后，雀跃地穿上鞋子。

"那我出去玩一个半钟头就回家。"他边说边朝阴暗的门外走去。

四　半人马座祭之夜

乔万尼像在吹口哨般地嘟起了嘴巴，一个人落寞地从黑色桧树林立的坡道上走下来。

坡道下矗立着一盏路灯，亮晃晃地发出白色灯光。乔万尼越是往下朝着路灯走去，原本像怪物般往后拉长而模糊的影子，就会变得越来越黑、越来越清晰，随着他一下子举起脚、一下子摆摆手，影子竟绕到乔万尼的旁边来。

（我是神气的蒸汽火车。这里是斜坡，速度很快哟。我马上就要开过那盏路灯了。看吧！接着我的影子将变成圆规，像这样转一圈，就会绕到前面。）

当乔万尼一边天马行空地想象着，一边大步走过路灯下时，正好看见白天嘲笑他的札内利穿着领口笔挺的新衬衫，从路灯另一头的阴暗小路上走过来，和乔万尼擦身而过。

“札内利，你是要去放王瓜水灯吗？”乔万尼话还没说完，对方就从背后大声嘲笑说：“乔万尼，你爸爸带着海獭外套回来喽。”

乔万尼突然一阵心痛，感觉耳鸣得很厉害。

“你说什么！札内利。”乔万尼高声呛回去，但札内利早已经走进前方庭院里种有丝柏的家中。

（我又没有做什么，札内利为什么要说那种话呢？

也不想想自己跑起来的样子就跟老鼠一样。我又没有做什么，却要说那种话，可见札内利是大笨蛋。）

乔万尼心事重重地走过用各种灯光和树枝装点得十分美丽的街头。钟表店点亮了明艳的霓虹灯，每隔一秒钟猫头鹰石像的红眼睛就会转动。海蓝色的厚玻璃盘上盛放着五光十色的各种宝石，像星星般慢慢旋转。铜人铜马也跟着缓缓地转到前面来。摆在中间的黑色星座图则用芦笋的绿叶装饰。

乔万尼凝视着那张星座图，几乎到了忘我的境地。

虽然比白天在学校看到的那张图要小，可是只要将圆盘转至当天的日期和时间，就能在椭圆形的圆框里看到相对应的夜空。果然在夜空的正中央，由上而下的银河会呈现出白茫茫的带状，下方看起来则像是轻微爆炸时所冒出的水蒸气一样。后面用三脚架撑住的小型望远镜散发出金黄色的光芒。最后面墙上挂着一张大星座图，天空中画有奇妙的野兽、猛蛇、鱼、水瓶等形状的图案。乔万尼愣愣地伫立在那里心想：

“天空中果真会有这样的蝎子、勇士排列在一起吗？我也好想漫步在其中啊。”

乔万尼忽然间想起了妈妈要喝的牛奶，便赶紧离开那家钟表店。

尽管身上的外套太紧，感觉肩膀有些被束住，他还是刻意挺起胸膛、前后摆动手臂走在街上。

清净的空气像水一般流泻在街道和店家之中。每一盏路灯都被翠绿的冷杉或栎树的枝叶包围着。电力公司前的六棵悬铃木装上了许多小电灯泡，看起来仿佛是人鱼居住的城市一样。小孩子们都穿上领口焕新的华服，嘴里不是吹着看星星的口哨旋律，就是跑来跑去大喊着“半人马星座，快降下露水！”或是点燃蓝色火光的烟火，玩得很开心。然而乔万尼却在不知不觉间又变得垂头丧气，想着跟那些五光十色的热闹景象完全相反的心事，一路赶往牛奶铺的方向。

乔万尼来到长满一整排白杨树的城郊，星空高挂在树梢上。走进牛奶铺的黑色大门里，站在微微飘散出奶牛气味的阴暗厨房前，乔万尼脱下帽子打招呼："晚上好。"

可是屋子里静悄悄的，好像没有人在。

"晚上好，请问有人在吗？"乔万尼挺直身体站好又喊了一次。不久之后，一位似乎身体不太舒服的老妇人步履蹒跚地走了出来，嘴里咕哝着问："有什么事吗？"

"因为我们家的牛奶今天没有送来，所以我过来拿。"乔万尼一鼓作气努力说完。

"现在没有人在，我不知道是怎么回事。你明天再来吧。"老妇人一边搓揉着发红的眼睛，一边低头看着乔万尼。

"可我妈妈生病了，今晚一定要喝到才行。"

"那你过一会儿再来。"老妇人话一说完就转身要回屋里。

"这样啊。谢谢你。"乔万尼行礼道谢后走出了厨房。

乔万尼来到十字路口正准备转弯时，看见对面通往桥方向的杂货店前，聚集了几个黑色人影和白衬衫的身影。那是六七名学生，有说有笑地吹着口哨，每个人都提着一只王瓜灯笼慢慢走来。乔万尼很熟悉那些笑声和口哨声，因为他们是自己的同班同学。乔万尼不禁心头一惊，打算掉头就走，但又马上转念，决定鼓起勇气迎向他们。

正当乔万尼想开口问“你们要去河边吗”，但话却卡在喉咙里出不来，刚才遇到的札内利又嘲笑他说：“乔万尼的海獭外套来了！”

“乔万尼的海獭外套来了！”其他人也立刻跟着起哄。

乔万尼顿时觉得面红耳赤，没有意识到自己的双脚已经迈开，一心只想快点离开，就在这时，他发现康帕内拉也在其中。康帕内拉默默地微笑着，看起来像在同情他，心想“你不会生气吧”似的看着乔万尼。

乔万尼立即避开了对方的目光。当他和高大的康帕内拉擦身而过之后，其他人又兴高采烈地吹起了口哨。在街角转弯时，他还回头看了一下，不料札内利也回过头来看他。康帕内拉则是大声吹着口哨往前方隐约可见的桥的方向走去。乔万尼抱着难以言喻的落寞感拔腿狂奔。一旁用手捂住耳朵、嘴里哇哇大叫、不停单脚跳的小孩子们以为乔万尼是因为高兴才跑的，跟着大声叫好起来。

一路狂奔的乔万尼很快就冲上了黑暗的山丘。

五　法轮柱

牧场后面是一座低缓的山丘，在北方大熊星座底下，感觉平坦绵延的黑色山顶似乎要比平常低矮。

乔万尼走进满是露水的森林小路慢慢地往上爬。在阴暗草丛和奇形怪状的树丛之间，白色星光照亮了那条小路。草堆里有闪烁着蓝光的小虫，蓝光从叶片透了出来。这让乔万尼想到刚才大家提在手上的王瓜灯笼。

穿过阴暗的松树和栎树林后，天空豁然开阔了起来，可以看见横亘南北的璀璨银河，同时也能分辨出立在山顶上的法轮柱[1]。眼前开满了一整片的风铃草和野菊花，缤纷烂漫仿佛在梦中也能闻到香气。一只小鸟叽叽喳喳地飞过山丘。

乔万尼来到山顶上的法轮柱下，将疲惫的身体重重倒在

1　原文为“天気轮の柱”，解释不一。一说为在日本东北地方的寺庙和墓地等出入口附近放置的石制或木制柱子，柱子中间嵌有转轮，每当转动转轮便可呼唤逝者，或作为占卜吉凶、天气等用途；另一说为《法华经》内文记载的宝塔。

冰冷的草地上。

镇上的灯火将黑夜装点成海底宫殿般的景色，微微可以听见孩子们的歌声、口哨声和断断续续的叫声。风在远处呼啸，山丘上的草丛随之安静地摇摆，乔万尼身上汗湿的衬衫也被吹得又冰又冷。

原野上传来火车行驶的声音。小小列车的窗口，远看像是一长串的红色光点。一想到火车里载着许多旅客，有人在削苹果，有人在谈笑，乔万尼就有种无法言喻的难过，只好再次抬头望向天空。

……

可是不管他怎么看，就是不觉得天空像白天老师所说的那么空旷与冰冷，而且越看越觉得天空就像是小树林、牧场和原野。乔万尼还看到蓝色的天琴座变成了三个、四个，在天上不停地闪烁。琴脚一下子伸出来又缩回去，甚至像香菇一样可以拉得好长好长。最后连眼底下的小镇灯火也变得朦胧，仿佛有许多星星聚集在那里，又像是漫起了一场烟雾一般。

六　银河站

不知从何时起，乔万尼背后的法轮柱变成了模糊的三角测量标[1]形状，像萤火虫一样灯光明灭闪个不停。测量标形状越来越清晰，一动也不动地固定在铁灰色的原野上——像刚锻造好的钢板直挺挺地矗立在铁灰色的原野上。

这时候乔万尼才刚听到不知从何处传来奇妙的声音喊着“银河站到了、银河站到了”，眼前立刻变得明亮，好像有亿万只萤鱿同时变成化石，被抛撒向四周，又好像钻石公司担心价格下跌，假装没有收获而偷偷藏起来的金刚钻被一把抢走散落满地似的，眼前突然绽放的光明让乔万尼忍不住拼命揉眼睛。

回过神时，乔万尼才发现从刚刚开始自己已然搭乘上了一班小小列车，正一路往前驶。乔万尼真的就坐在夜晚的轻轨列车上，就坐在那个亮着一整排黄色小灯泡的车厢里眺望

1　三角测量标，在三角锥状木架中间放有测量距离的仪器。

着车窗外的风景。车厢里有包裹着蓝色天鹅绒的椅子，但空荡荡的没有人坐。对面上过蜡的灰色墙壁上，有两个闪闪发亮的黄铜制大按钮。

他留意到前座有个穿着濡湿般黑得发亮的外套、高个子的小孩将头伸出了窗外，不知在看些什么。正纳闷那个人的背影似乎很熟悉，他立刻就想起来对方是谁，情绪也跟着激动了起来。他想干脆自己也把头伸出窗外吧，怎知对方竟猛然将头缩回，并望向这里。

那个小孩是康帕内拉。

乔万尼还来不及问“康帕内拉，你怎么会在这里呢？”康帕内拉便先开口说：“大家都拼命地跑，但还是赶不上。札内利也是，跑了好久就是没赶上。”

乔万尼心想：“对了，我们可以约大家一起出去玩哪！”于是他说：“那在哪边等他们吧。”

“札内利已经回家了。他爸爸来接他回去的。”不知道为什么，康帕内拉回答时脸色有些发青，好像哪里不舒服的样子。

乔万尼也觉得自己似乎忘了什么东西，感觉有些不太对劲，所以沉默不语。

这时康帕内拉开始望着窗外，整个人也恢复了精神，兴高采烈地说："糟了，我忘了带水壶，还有素描本也是。不过没关系，因为马上就要到天鹅车站了。我真的很喜欢看天鹅，就算远远飞到河面上，我也一定能看见。"

然后康帕内拉转动手上的圆盘状地图查看。地图中央是一道白色的银河，沿着银河的左岸有一条铁轨一站一站地往南延伸。这张地图精彩的是，在宛如夜空的黑色圆盘上，每一处的车站、路标、泉水和森林都嵌上了蓝色、橘色、绿色等各色美丽的灯光。

乔万尼觉得好像在哪里看过那张地图。

"这地图是在哪里买的？是用黑曜石做的吧。"乔万尼问。

"我是在银河站拿到的。他们没给你吗？"

"是哟，我有经过银河站吗？我们现在的位置应该是在这里吧？"乔万尼手指着写有"天鹅"二字的车站符号正北方。

"没错。咦？河岸边那里应该是满月夜吧。"

乔万尼抬起头往明亮的银河岸边看过去，只见银色夜空下一大片的芒草随风摆荡，沙沙作响，仿佛层层的波浪。

“不是满月夜啦。因为是银河，所以会发亮。”乔万尼回答。他难掩雀跃的心情，两只脚不停地拍打发出声响。他将头伸出车窗，一边大声用口哨吹出《看星星》的旋律，一边尽量将身子往外探。他想看清楚银河里的水，起初的确看不清楚，一旦集中精神后，就能看出美丽的银河水比玻璃、氢气还要澄澈，有时因为眼睛角度的关系，静静流动的银河水会发出紫色的粼粼波光或是闪烁出彩虹般的光彩。原野上到处都立着美丽的磷光路标。远小近大，远的是清晰的橘色和黄色，近的是微微晕开的亮白色。有三角形、四角形，也有闪电、锁链等各种造型排列在一起，将原野照得光辉闪耀。乔万尼觉得很兴奋，用力甩了甩头，结果美丽原野上闪着蓝色、橘色亮光的路标也好像有了生命一样，跟着左摇右晃地闪烁不停。

“我已经来到天上的原野了。”乔万尼说。

“而且这辆火车没有烧煤炭呢。”乔万尼伸出左手，从车窗外看着前方说。

“应该是靠酒精或电力发动的吧。”康帕内拉说。

就在这时，从远方的雾霭中传来类似大提琴的低沉声音，一如回答他们似的。

“这辆火车并非靠蒸气或电力发动的。它本来就会自己发动。之所以听到轰隆隆的声音，完全是你们自己的想象。同时也因为你们之前搭的火车都是会发出声音的火车。”

“那声音我以前听过好多次。”

“我也是。在森林里、在河边时，我也听过好多次。”

轰隆隆、轰隆隆、轰隆隆……美丽的小小列车经过了夜空下被风拂过的芒草、银河水、微光闪烁的路标，一路不停地往前行驶。

“啊！龙胆花开了。已经是秋天了。”康帕内拉指着窗外说。

铁轨旁的狭窄草地上开着紫色的龙胆花，美丽得就像是用月长石雕刻而成的花朵。

“不如我跳下去摘花，再跳回车上吧。”乔万尼兴奋地提议。

“来不及了，都已经开远了。”康帕内拉这句话还没说完，只见新的龙胆花又亮晃晃地一闪而过。

随后又有更多黄蕊的龙胆花像从地上涌现，也像雨水般接二连三地飞奔过眼前。一整排的三角测量标发出如烟雾也如火焰般的光芒，伫立在路旁。

七　北十字星与上新世海岸

“不知道妈妈会不会原谅我？”突然间康帕内拉吞吞吐吐地边咳嗽着边说出这句话。

乔万尼心想：“啊，对了。我的妈妈是在远方那个看起来像灰尘一样小的橘色路标附近，她现在正在想念我吧。”不禁也默默地愣在那里。

“只要能让妈妈得到真正的幸福，我什么都愿意做。可是，对妈妈来说到底什么才是最幸福的事呢？”康帕内拉说话的样子似乎是在拼命忍着不让自己哭出来。

“可是你妈妈不是好好的吗？”乔万尼惊讶地大叫。

“我不知道，我只是觉得人一旦做了真正的好事，就会很幸福吧。所以妈妈一定会原谅我的。”康帕内拉看起来好像已经下定决心的样子。

车厢里突然明亮了起来。仔细一看，布满金刚钻、草木露水等一切华丽璀璨的河床上，银河水正无声无息地流淌着。河水之中，有一个背后窜出白光的小岛。平坦的小岛中央有一个让人眼前为之一亮的白色十字架，仿佛是用北极冰冻的雪铸造而成，散发出透明的金色光环，静静地永远伫立在那里。

“哈利路亚、哈利路亚。”整个车厢欢声雷动。回过头一看，车厢里的旅客纷纷起身整理身上的衣物，有的人将黑色封面的圣经抵在胸前，有的人戴上了水晶念珠：每个人都十指交握，面对着十字架祈祷。两人吓得赶紧站起来。康帕内拉的脸颊就像是熟透的苹果一样，美丽有光泽。

小岛和十字架随着列车驶离，逐渐往后退去。

对岸依然笼罩在白色的光晕之中，有时芒草会随风摆荡，于是银色光芒就像被吹了一口气似的化成烟雾。草丛中若隐若现的龙胆花看起来宛如柔和的磷火。

银河和火车之间隔着一大排的芒草，只有两次机会能短暂看见背后的天鹅岛，而且渐行渐远越来越小，仿佛图画一般。当芒草又开始沙沙作响时，终于已远得看不见踪影。一位戴着黑色头巾、身材高大的天主教修女不知从何时上了车，坐在乔万尼的后面，一双又圆又大的绿色眼瞳垂视着正前方，好像很虔诚地听着从某处传来的话语和声响。旅客们悄悄地回到座位，两人也泰然自若地用不同于以往的话语，轻声交谈彼此心中那股类似悲伤的、前所未有的情绪。

“天鹅车站马上就要到了。”

“是呀，十一点准时到。”

绿色的号志灯和白茫茫的柱子从窗口一闪而逝，当经过闪着类似硫黄火焰的转辙器[1]时，火车开始慢慢减速。不久之后，月台上整齐美丽的灯火同时亮起，随着光线越来越明亮，

1 转辙器，将火车列车由正在行驶的路线转入另一条路线的转换装置。

他们俩所面对的车窗刚好停靠在天鹅车站的大时钟前。

秋高气爽的钟面上，两根蓝色钢针明确地指向了十一点，车厢里已不见其他人。

时钟下面写着“停车休息二十分钟”。

“我们也下车去看看吧。”乔万尼说。

“下车吧。”两人一起跳下座位冲出车门，直奔收票口。可是收票口只开了一盏明亮的紫色电灯泡，却没有人在。举目四望也看不到站长或脚夫的身影。

两人来到车站前面的小广场。广场外围种了一圈好似水晶雕刻的银杏树，前面有一条宽广的马路直接通向银河的蓝光里。

先前下车的人们跑得不见踪影。两人并肩走在那条白色马路上时，彼此的影子一如四面开窗的房间里的两根柱子，也好像一条又一条的车轮辐条向四方八方投射。不久之后他们便抵达了刚刚在车上看到的那片美丽河岸。

康帕内拉抓起一把漂亮的沙子，摊开在手掌上，一边用手指拨弄一边梦呓般地感叹道：“这些沙子都是水晶，里面燃放着小小的火焰。”

“没错。”心想好像在哪里学过的乔万尼也神情恍惚地回应。

河边的每一颗砾石都晶莹剔透，的确就像是水晶、黄玉，也有表面呈现弯曲的皱纹或是棱角散发出蓝白色雾光的刚玉。乔万尼走到水边，掬起一捧水。然而奇妙的银河水却比氢气还要透明澄净。明明看着河水在流动，可是漫过两人手腕的河水却泛着磷光，仿佛是在燃烧一样。

抬头往上游的方向看过去，在那长满芒草的山崖下，白色岩块就像平坦的运动场般一路往河边延伸过去。那里有五六个人影好像在挖掘还是埋藏东西，一下子站起来，一下子又蹲下去，手上的工具不时还会闪光。

“咱们去看看吧！”两人齐声一喊，往那里跑了过去。白色岩块的入口处立着一块陶瓷烧的广告牌，光滑的表面上写着“上新世海岸”。前方靠水边的地方到处都架上了细细的铁栅栏，也摆放着漂亮的木头长椅。

“咦，这东西有点奇怪呢。”康帕内拉纳闷地停下脚步，从岩石上捡起一颗黑色的细长尖头坚果，有点像是核桃。

“那是核桃啦。你看，这里也有很多。它们不是漂流过来的，而是原本就卡在岩石缝里。”

“好大呀，这核桃，比平常的核桃大上一倍吧。而且整颗都完好无缺。”

“我们快过去吧，他们一定在挖什么东西。”

两人拿着表面凹凸不平的黑色核桃走了过去。波浪宛如轻柔的闪电不断推向左手边的海岸，右手边山崖下一整片摇曳的芒花就像是用银和贝壳做出来的工艺品。

逐渐靠近后，看见一名身材高挑、戴着度数颇深的近视眼镜、脚上穿着长靴、很像是学者的人，一会儿在记事本上奋笔疾书，一会儿又不停地对旁边三名拿着圆锹、铲子挖土，看似助手的人发号施令。

“注意不要破坏了那边突起的地方。要用铲子呀！小心点，从远一点的地方开始挖起。不行不行，动作太粗鲁了！”

只见在那白色松软的岩块之中，横躺着一具灰绿色的巨大兽骨，已经有一半以上被挖出土了。再仔细一看，附近还有十来个印有双蹄足迹的岩石，被切割成方块并打上编号。

“你们是来参观的吗？”那个很像学者的人推了一下眼镜，看着他们说，“这里有很多核桃吧？那些可是大约一百二十万年前的核桃哇。年代还算是近的了。这里在一百二十万年前的第三纪之后是海岸，在这底下有贝壳出土。现在河川流过的地方，以前弥漫的可都是咸咸的海水。这具兽骨是一种叫作原牛的动物。喂！你们，不准用圆锹，给我小心挖呀！所谓的原牛，就是牛的祖先，以前有很多。”

“是要做成标本吗？”

“不，我是要用来证明。在我们看来，虽然有许多证据显示这一块厚实的地层是一百二十万年前形成的，但对于其他和我们不同的人来说，是否同样将这里看作是地层则很难说，也许只是一些风啊水的，或辽阔的天空而已。你们懂吗？喂！不可以。那里连铲子也不准用。照理说埋在下面的应该是肋骨，不是吗？”

学者急忙冲上前去。

“时间到了，我们走吧。”康帕内拉看着地图和手表说。

“嗯。那我们告辞了。”乔万尼很有礼貌地向学者行礼。

“要走了吗？再见。”学者说完又忙碌地到处巡视。

两人生怕赶不上火车而在白色岩块上拔腿狂奔。跑着跑着，果真也快得跟风一样，既不会气喘如牛，两脚也没有酸痛的感觉。

乔万尼心想，若能够像这样子跑，大概绕世界一圈也没问题吧。

两人飞奔过前面的河岸边，眼看着剪票口的电灯泡越来越大。很快两人就坐进了原本的车厢座位，看着窗外刚才去过的地方。

八　捕鸟人

“我可以坐在这里吗？”一个声音沙哑但语气亲切的男人的说话声，在两人的背后响起。

那个佝偻着背、蓄着红胡须的男人身穿有些破旧的棕色外套，肩膀两头各挂着一个白布包。

“可以，请坐。”乔万尼耸了一下肩膀回答。

男人从胡须中露出一抹微笑后，慢慢将行李放到网架上。乔万尼感觉有种莫名的孤寂和悲伤。当他默默地看着正前方的时钟时，突然听见远处汽笛的声音。火车已经缓缓开动。康帕内拉东张西望地看着车厢的天花板，有一只黑色甲虫停在电灯上，因此在天花板上映照出巨大的影子。红胡须的男人一副很怀念的神情微笑地看着乔万尼和康帕内拉。火车越开越快，亮晃晃的芒草、银河相继从车窗外一闪而过。

红胡须男人有些迟疑地开口问两人：“你们要去哪里呢？”

“想去哪里就去哪里。”乔万尼回答得有些心虚。

“那还真是不错。事实上这辆火车也的确可以开往任何地方。”

“那你要去哪里呢？”康帕内拉突然反问。

因为语气有些粗鲁，让乔万尼忍不住笑了出来，结果坐在对面头戴尖帽子、腰间挂着一把大钥匙的人偷偷瞄了他们一眼也笑了出来。康帕内拉不禁涨红了脸，也跟着大笑。男人倒也没有生气，只是脸颊微微抽动地回答：“我很快就要下车了。我做的是靠捉鸟营生的买卖。”

“什么样的鸟呢？”

“有白鹤和大雁，还有白鹭鸶和天鹅。”

“有很多白鹤吗？”

“很多呀，从刚才就一直叫个不停，你们没听见吗？”

“没有。”

“现在就能听得见哪。你们竖起耳朵来仔细听！”

两人睁大眼睛，竖起了耳朵。在轰隆隆的火车声和风吹过芒草的声音之中，只能听见淅淅沥沥的水声。

“白鹤要怎么抓呢？”

“你是问白鹤还是白鹭鸶呢？”

“白鹭鸶。”乔万尼不在意地回答。

“那倒是不难。白鹭鸶这种鸟都是由银河里的砂石凝固而成的，终究要回到银河。所以只要在河边守着，等到白鹭鸶的脚像这样子放下来但还来不及靠到地面上时，就一把扑上去抓住。于是白鹭鸶的身体会变得僵硬，并且安然地死去。接下来要怎么做，你们也知道，只要将它们做成压花就成了。”

“将白鹭鸶做成压花吗？是要做成标本吗？”

“怎么会是标本呢！大家不都是要拿来吃的吗？”

“好奇怪哟。”康帕内拉纳闷地侧着头。

“哪里会奇怪！不信给你们看看……”男人站起来从网架上取下布包，利落地解开来。

“看吧，这是我刚抓到的。”

“真的是白鹭鸶啊。”两人不禁大叫。眼前有将近十来只会发亮的白鹭鸶尸体，白得就像是刚才北方的十字架一样。它们的身体扁扁的，黑色的脚蜷曲着，就像浮雕般叠在一起。

“眼睛是闭着的。”康帕内拉用手指轻轻触碰了白鹭鸶新月般的白色眼皮。白鹭鸶头上长枪般的白色羽毛依然完好如初。

“我说的没错吧。”捕鸟人将白鹭鸶用布包好，再缠上绳子绑紧。乔万尼心想这附近怎么会有人想要吃白鹭鸶呢，便开口问：“白鹭鸶好吃吗？”

“好吃呀。每天都有人跟我订货。不过大雁卖得更好些，因为大雁比较高级，最重要的是吃起来也方便。不信你们看。”捕鸟人解开了另外一个布包，里面是黄色、蓝灰色和斑纹的大雁，羽毛闪闪发亮，也跟之前的白鹭鸶一样，鸟喙整齐排列、身体被压得扁平。

“这种鸟马上就能吃的。怎么样，来一点吧？”捕鸟人轻轻地拉扯黄雁的脚。只见黄雁就像是用巧克力做的，立刻就被扯断了。

“来吧，你们都吃一点看看。”捕鸟人将鸟脚掰成两段。乔万尼浅尝了一口，心想：“真的是甜点啊。而且比巧克力还要好吃。可这真的是天上飞的那种大雁吗？这个人应该是在其他原野上开甜点铺的吧？像我这样一边嘲笑他，一边吃着他的甜点，真是太对不起他了。”但他还是一口接着一口吃得很开心。

“再来一点吧！”捕鸟人又拿出了布包。

尽管乔万尼还想再吃，仍客气地拒绝：“不用了。”

于是捕鸟人转而拿给对面座位上腰间挂着钥匙的男人。

“哎呀，真是不好意思。这可是你做生意用的。”对方脱下帽子致意。

“快别那么说。今年候鸟的情形怎么样呢？”

“很不错呀。比方说前天凌晨一点，到处有人打电话来抱怨说为什么灯塔不按照规定时间开灯。又不是我的错，不都是因为候鸟黑压压的一大群飞过灯塔的关系吗？我气得回骂说：笨蛋！跟我抱怨这种事没有用，要说就去跟披着毛茸茸大斗篷、脚和嘴巴又细又长的带头鸟说去！哈哈哈。”

因为已不见芒草丛生，一道强光从原野的另一边照射过来。

“为什么白鹭鸶比较费事呢？”康帕内拉说出从刚才起就挂在心上的问题。

“那是因为要吃白鹭鸶时呢……”捕鸟人转过身来面对着他们说，“得先在银河水的反光中挂个十天左右。要不然就得埋在沙里三到四天才行。如此一来，等到身体里的水银全都蒸发掉后就能吃了。”

“这不是鸟，应该只是一般的甜点吧？”看来康帕内拉也抱着同样的想法，才会毅然决然地这么问。

不料捕鸟人一副慌慌张张的模样一边说着“对了，我得在这里下车了”，一边站起来拿起行李，转眼间就看不见人影。

“跑去哪了呢？”两人相视而笑，灯塔看守人也面露笑容，稍微伸展了一下身体，并望向两人旁边的车窗外。两人也跟着偷瞄一眼，竟看到刚才的捕鸟人站在一大片闪着黄色、蓝色磷光的母子草草地上，神情严肃地张开双手凝视着天空。

“原来跑去那里了。他站的样子好奇怪哟。应该又要抓鸟了吧。真希望在火车还没开走之前，鸟能早点飞下来。”话才刚说完，一群好像刚才看过的那种白鹭鸶从辽阔的桔梗色天空中如同飘雪般，戛然作响地飞了下来。捕鸟人一副好像早已料中的神情，难掩兴奋地将两脚撑开站成六十度，用双手一把抓住朝向他飞来的白鹭鸶的黑脚，直接塞进布袋之中。白鹭鸶就像萤火虫般暂时在布袋中发出明灭闪烁的蓝光，然后逐渐变成白色，并闭上双眼。比起被抓住的，没有被抓住而平安降落在银河沙地上的白鹭鸶还是比较多。只见它们的脚一碰到沙地，身体就会像融雪似的开始收缩、瘫软，不久之后就像熔炉里的铜汁一样在沙地和砾石中扩散开来。起初沙地上还能看得出白鹭鸶轮廓的痕迹，随着痕迹忽明忽暗地闪烁两三次后，便化成跟周围相同的颜色。

捕鸟人大约抓了二十只白鹭鸶放进布袋后，突然双手一举，好像士兵遭到射击中弹身亡一样，转眼就不见身影。两人正纳闷时，冷不防听见熟悉的声音在乔万尼身边响起：“我实在太满意了。再没有比从事适合自己的工作更棒的事了。”

捕鸟人已然开始将刚刚抓到的白鹭鸶一只又一只地重新整齐叠好。

“为什么你可以一下子从那里又回到这里呢？”乔万尼看到这理所当然却又很不合理的情形，不禁疑惑地开口问。

“你问我为什么吗？因为想来就来了呀。倒是你们是从哪里来的呢？”

乔万尼很想立刻作答，却怎么也想不起自己究竟是从哪里来的。康帕内拉也涨红了脸试着回想起来。

“应该是从很远的地方来的吧。”捕鸟人一副了然于胸的样子，气定神闲地点了点头。

九　乔万尼的车票

“这里已是天鹅区的尽头。你们看，那就是有名的天鹅座β星观测台。”

车窗外四栋黑色的建筑物矗立在宛如火花绽放的银河正中央，其中一栋的平坦屋顶上有两个让人眼前为之一亮的透明球体，一个像蓝宝石，另一个像黄玉，静静地不停转动着。黄球逐渐转远，蓝色小球则越往前靠近，不一会儿两个球的边缘重叠在一起，形成漂亮的绿色双凸镜，然后中间部分开始膨胀，当蓝球转到黄球的正前方时，又变成绿色的中心，周边环绕着黄色的光环。接着两颗球又开始往两旁偏离，形成跟之前方向相反的双凸镜，并且交错而过，蓝宝石转向后方，黄球则向前靠近，渐渐地两个球又跟方才一样重叠在一起。黑色观测台仿佛沉睡般静静地躺在银河无形无声的流水中。

“那是测量流速的机器，水也……”捕鸟人话说到一半，一名头戴红帽、身形高大的列车长站在他们三人的座位旁要求：“麻烦请出示车票。”

捕鸟人立刻闭嘴从口袋中掏出一张小纸片。列车长只瞄了一眼，就转头看着乔万尼他们，一副“你们的票呢”的眼神，一边动着手指一边伸出手来。

“嗯……”正当乔万尼不知所措地身体扭来扭去时，康帕内拉却完全不当一回事地递出了一张灰色车票。乔万尼情急之下，心想也许会放在上衣口袋里，便试着一摸，没想到竟掏出一张折起来的大纸。虽然很纳闷不知道口袋里何时放了这东西，但还是赶紧拿出来。那是一张多次对折成明信片大小的绿色纸张。因为列车长早伸长了手在等，他只好不管三七二十一先出示再说。不料列车长马上立正站好，小心翼翼地将纸张摊开来，读的时候还一边将上衣的扣子给扣好。灯塔看守人也很感兴趣地由下往上窥探。乔万尼以为应该是某种证明书之类的文件吧，胸口不禁有些发热。

“这是三度空间的人给你的吧？”列车长询问。

“我不太清楚这是怎么一回事……”这才放心的乔万尼看着列车长咯咯咯地傻笑了起来。

“好的，抵达南十字星的时间是在凌晨三点钟。”列车长将纸张还给乔万尼，径自往前走去。

康帕内拉很想知道纸张的内容，迫不及待地探过头来看。乔万尼同样也很好奇。然而那张纸上只印上了黑压压的蔓草图案和十来个奇怪的字，感觉好像只要静静地凝视，整个人就会被吸进去一样。这时捕鸟人瞄了一眼那张纸后惊呼出声：“天啊！这东西了不得呀，这张车票可以前往真正的天上。而且还不只是天上，这是任何地方都到得了的通行券呀。原来如此，因为有了这张车票，所以你们才能进入不完整的幻想四度空间，搭上银河铁道前往任何你们想去的地方。你们真了不起！”

“我根本搞不清楚是怎么一回事。”脸红的乔万尼一边回答一边将纸张折好收进口袋，而且实在感觉很难为情，便跟着康帕内拉一起眺望车窗外。但隐约中仍不时能感受到捕鸟人投射过来“你们真了不起”的赞叹目光。

“马上就要到老鹰车站了。”康帕内拉看到了对岸三个排成一列的蓝色路标，并核对过自己手上的地图后说。

不知道为什么，乔万尼突然觉得很同情旁边的捕鸟人。想到他因为抓到白鹭鸶而高兴的样子，想到他小心翼翼用白布将白鹭鸶层层包裹起来，想到他偷瞄别人的车票而惊讶赞叹的神情，等等，尽管素不相识，但为了捕鸟人的幸福，乔万尼也愿意贡献自己的所有。只要能让捕鸟人得到幸福，乔万尼甚至愿意站在闪耀的银河边一百年，代替他从事抓鸟的工作。乔万尼实在无法继续保持沉默，很想开口问“你最想要的是什么？”却又怕太过唐突而犹豫着。当他回过头去看，没想到捕鸟人已不在原地，就连网架上的白色包袱也消失无踪。乔万尼心想：“他可能又跑去外面，仰望天空准备再度大肆捕捉白鹭鸶吧。”于是连忙望向车窗外，但只看到一整片美丽的沙地和白色的芒草波浪，再不见捕鸟人宽厚的背影和头上的尖帽。

“捕鸟人去哪了呢？”康帕内拉也茫然地问。

“不知他去哪了，将来还有机会见面吗？我觉得好像有些话还没跟他说呢。”

“是呀，我也这么觉得。”

“我刚刚还嫌他有点烦，所以心里很过意不去。”乔万尼从来都没有如此心情低落，也没说过这样的话。

“怎么好像有苹果的味道。是因为我刚刚有想到苹果的关系吗？”康帕内拉一脸诧异地东张西望。

“真的是有苹果的味道，还有野蔷薇的味道。”

乔万尼也查看了一下四周，认定应该是从窗口飘进来的气味。乔万尼心想现在是秋天，按理说不应该会有野蔷薇的花香才对。

突然间一个头发乌黑柔亮、大约六岁大的小男孩站在前方。小男孩仿佛受到了惊吓，身上的红外套没有扣好，一双赤脚也不停地颤抖着，旁边还站着一名打扮整齐、穿着黑色西装的高大青年，挺拔的身影就像是迎风矗立的榉木一样。青年紧紧牵着小男孩的手。

“哎呀！这是哪里呢？好漂亮啊。”青年的背后还有一名年约十二岁、有着一双棕色眼珠子的可爱少女，身穿黑色外套依偎在青年的手臂上好奇地眺望着车窗外的风景。

“哦，这里是兰开夏郡。不对，应该是康涅狄克格。也不对，啊，我们已经飞上天了，我们要去天上。你看！那个标示就是天上的标示。所以没什么好害怕的了，我们已经蒙主宠召了。”身穿黑色西装的青年满面春风地对女孩说。但不知为什么，额头马上又浮现深深的皱纹，看起来好像很疲惫的样子，硬挤出笑容要小男孩坐在乔万尼旁边的位置上，接着又温柔地指着康帕内拉旁边的座位要女孩坐下。女孩顺从地坐下后，将双手交叠在大腿上。

“我要跟姐姐坐。”才刚坐下的小男孩脸色一变，对着坐在灯塔看守人对面座位的青年说。青年露出难以言喻的悲伤神情，静静地看着小男孩头上濡湿的卷发。突然，女孩双手掩面，啜泣了起来。

“爸爸和菊代姐姐还有很多事要忙，不过他们很快就会赶过来的。只是妈妈已经等好久了吧。妈妈一定很担心地等着，心想‘我心爱的小正现在唱的是哪首歌呢？下雪的早晨，大家是否会手牵手围着院子里的接骨木树玩耍呢？’所以我们要快点去，去跟妈妈碰面吧。”

“嗯。还好我没有搭上船。”

“是呀，不过你看，天空怎么样呢？还有那条漂亮的银河。还记得那一整个夏天，晚上睡觉时我们会唱‘一闪一闪亮晶晶’的歌，从窗口可以看到白茫茫的一片。就是那里呀，很漂亮吧？亮闪闪的。”

原本在啜泣的姐姐也用手帕擦拭眼睛，抬头看着窗外。青年又继续用着老师的口吻轻声对小姐弟说：“我们已经不用再悲伤了，因为我们在这么美好的地方旅行，马上就要到神的国度了。那里既明亮又芬芳，到处都是好人。那些取代我们搭上船的人肯定都能获救，各自回到为他们担心等待的父母和家人身边。来吧！快打起精神来，马上就要到了，我们一起高高兴兴地唱歌出发吧！”青年抚摩着小男孩濡湿的头发，在安慰大家的同时，自己的脸上也逐渐浮现出光彩。

“你们是从哪来的呢？发生了什么事吗？”刚才的灯塔看守人似乎已听出一些端倪，开口询问青年。

青年幽幽地笑答：“我们的船撞到冰山遇难了。这两个孩子的父亲因为有急事，两个月前先行回国了，我们是之后才出发的。我在大学就读，受聘当他们的家庭教师。就在第十二天，船撞上冰山后往一边倾斜。当时月光迷蒙，而且还起了浓雾。由于船的左舷有一半已经毁损，剩余的救生艇无法容纳所有乘客。加上船也已经开始沉没，我只好拼命大喊：'先让小孩上救生艇。'附近的人们听见立刻让开一条路，并为孩子们祈祷。可是在前往救生艇的路上，仍挤满了许多小孩子和他们的父母，我实在没有勇气推开他们。但我仍认为救助这一对姐弟是我的义务，只好试图推开前面的孩子们，却又觉得与其这样救他们，也许直接带他们来到神的跟前，对他们而言才是真正的幸福。同时又觉得宁可自己一个人承担违背神的罪也要救活他们俩。然而看到眼前的景象，便知道自己已无能为力。眼看着将自己的孩子送上救生艇后，母亲们发了疯似的送上飞吻、父亲们只能强忍着悲痛僵立在一旁的景象，简直让人柔肠寸断。不久之后船又更往下沉，我们三人只好抱在一起。于是我下定决心紧紧抱住他们俩，能浮多久就浮多久，直到船完全沉没。这时虽然有人投递过来一个救生圈，但是没投准，漂向了远方。我用力扯下了甲板的栏杆，然后三人紧抓着不放。这时候开始传来三〇六号赞美诗的歌声。随即所有人用各国语言齐声跟着高唱。接着一声砰然巨响，我们便落水了。正当被卷入漩涡时我用力抓紧他们，之后脑子便一片空白，等到回过神来，人已经在这里了。他们的母亲在前年过世了。是呀，救生艇应该是获救了。因为在技术熟练的水手操桨下，马上就脱离大船而去了。”

听见周围传来轻微的叹息声和祈祷声，乔万尼和康帕内拉也慢慢回想起许多遗忘的往事，眼眶也不禁跟着发热。

（啊！那片大海是否就叫作太平洋呢？在那冰山漂流的北方海域，有人搭着小船，对抗着刺骨寒风、冰冷海水等酷寒，只为了努力工作。我真的好同情他们哪。为了他们的幸福，我能做些什么呢？）

乔万尼垂着头，神情落寞地陷入沉思。

“我不知道什么是幸福。不管遇到什么样的痛苦，只要能走在正确的路上，不管是上山还是下山，大家都是一步一步迈向真正的幸福。”灯塔看守人安慰大家。

“嗯，说得也是。在获得真正的幸福之前，各种悲伤都是来自上天的恩赐。”青年做出了类似祈祷的回应。

两姐弟也累了，各自靠在自己的座位睡着了。原本打着赤脚的小男孩不知何时已穿上了一双白色软鞋。

火车轰隆隆地行驶在磷光闪耀的银河岸边。从对面的车窗看出去，原野就像是幻灯片一样，成百上千各式各样的路标飞闪而过，大一点的路标上方还能看见红色斑点的测量旗。原野尽头聚集了一大片白茫茫的雾气，更远处则不时冒出各种形状类似狼烟的烟霭，交替投射在桔梗色的美丽夜空中。清澄凉爽的夜风中，充满了蔷薇的香气。

“怎么样啊？没看过这么漂亮的苹果吧？”坐在对面的灯塔看守人用双手护着摆在腿上有着金黄色和红色等美丽色彩的硕大苹果，生怕它们掉下去。

“哎呀，这是哪里来的苹果呢？又大又漂亮。这一带能种出这么漂亮的苹果吗？”青年似乎十分讶异，眯着眼睛看着灯塔看守人双手环抱的整堆苹果，简直快看傻了眼。

“别客气，拿一颗吧！来呀，请拿一颗吧！”

青年拿了一颗后，稍微看了一下乔万尼他们。

“来吧，坐在对面的少爷们，要不要也拿一颗呢？”

乔万尼因为被人唤作少爷，感觉有点不太高兴而闷不吭声。倒是康帕内拉开口道了声“谢谢”。

因为青年各拿了一颗苹果给他们，乔万尼也起身道谢。

灯塔看守人总算能腾出双手，便在已经睡着的姐弟俩腿上轻轻地各放上一颗苹果。

“谢谢你。这么漂亮的苹果是哪里产的呢？”青年仔细端详着苹果问。

“这一带当然也有人务农，但大多数作物只要种下去，便能如签订了契约一般自己长得很好。所以说虽然是务农，其实并不辛苦的。通常只要按照个人希望播种，作物就会自动慢慢长大。就拿稻米来说吧，这里的米不同于太平洋地区，不仅没有壳，而且大上十倍，味道也很香。这里已经没有你们来的地方的那种农业。不管是苹果还是甜点，吃起来都没有渣，而是有因人而异的淡淡香气从毛孔中散发出来。”

突然间小男孩睁开眼睛说：“我刚刚梦见妈妈了。妈妈站在一个有着豪华柜子和书本的地方，笑眯眯地看着我，向我伸出了双手。当我开口说‘妈妈，我去捡一个苹果给你’时，人就醒了。啊！这里是刚才的火车嘛。”

“你说的苹果就在那里。是这位叔叔给你的。”青年说。

“谢谢，叔叔。咦？小薰姐姐还在睡呀，我来叫醒她吧。姐姐！快醒来。你看，我们有苹果呢，你快醒来嘛！”

姐姐微笑着睁开眼睛，先是用双手遮住强光，然后才看着苹果。

小男孩就像吃派一样吃起了苹果。就连削下来的美丽苹果皮也变成红酒开瓶器般的螺旋状，一掉在地板上就蒸发成灰色的光消失无踪了。

两人小心翼翼地将苹果收进了口袋里。

下游对岸是蓊郁茂密的森林，枝头上结满了红光潋滟的成熟果实。森林的正中央矗立着一根高大的路标，林间深处响起夹杂着钟琴和木琴的曼妙乐声，仿佛融入了风中，阵阵飘来。

青年似乎受到惊吓，身体开始颤抖。

静静地聆听乐声时，眼前就像是有一大片黄色、淡绿色的原野或是地毯铺展开来，又好像有一层白蜡般的露水掠过太阳表面一样。

“啊！乌鸦。”坐在康帕内拉旁边的名叫小薰的女孩大叫一声。

“才不是乌鸦，那些都是喜鹊。”因为康帕内拉自然而然地用斥责的语气回应，乔万尼不禁笑了出来，女孩也觉得很难为情。果然在闪亮的河边，许多黑色的鸟排成一列，静静地沐浴在河水的倒影之中。

“的确是喜鹊。因为后脑勺有一撮较长的羽毛。”青年像是打圆场地说明。

对面绿色森林中的路标已来到火车的正前方。这时火车后方也传来熟悉的三〇六号赞美诗歌声。看来有很多人都加入了合唱。青年的脸色顿时惨白，原本起身好像要走过去，却又回心转意坐了下来。小薰则用手帕掩住了脸。

就连乔万尼也觉得鼻子有些不舒服。随着车上的人一一加入、歌声越来越大时，乔万尼和康帕内拉不禁也跟着唱了起来。

不久，明灭闪烁的绿色橄榄树森林渐行渐远地消失在看不见的银河对岸，林间传来的奇妙乐器声也被火车的隆隆声和风声给盖过，越来越听不真切了。

“啊，有孔雀！啊，那里有孔雀。”

“那座森林是天琴座的住处吧。我觉得森林里一定住着许多传统大型交响乐团的人，周围还有很多蓝色孔雀之类的动物。”

“是呀，有很多。”女孩回应。

乔万尼看见在那个变得越来越小，小到就像是一小颗绿色贝壳纽扣的森林上方，不时有孔雀伸展翅膀时形成的明灭反光。

“对了，刚刚的确也有听到孔雀的叫声。”康帕内拉对女孩说。

“是呀，我记得应该有大约三十只孔雀吧。”女孩回答。

乔万尼突然感到一股莫名其妙的悲伤，脸色一沉，差点就要脱口说出“康帕内拉，不如我们从这里跳下车去玩吧”。

然而这时的康帕内拉正看着下游远处的奇妙景象。那是表面光滑的黑色带状物体，像弓箭般从看不见的银河水中跳出、前进后又没入水中。一时以为自己看错，再定睛一看，这一次是同样的情景发生在近处。接着到处都有那种表面光滑的黑色带状物体从水中蹿出来，在空中打转后又钻入水里。那些物体就像鱼一样往上游游走了。

“那是什么呢？小正，你快看！有好多呀，不知道是什么东西？”

揉着一双爱困的眼睛，小男孩惊讶地站了起来。

“那是什么呢？”青年也站了起来。

“哎呀，好奇怪的鱼哟。那是什么呢？”

“那是海豚啦。”康帕内拉看着同一个方向回答。

“我头一次看到海豚。可是这里不是大海吧？”

“海豚并不是只在大海里。”那个奇妙的低沉嗓音不知从哪里又出现了。

那些海豚的样子真是可笑，两只鳍就像双手垂下来一样，可以身体直立不动地从水中跳出来，恭恭敬敬地行个礼后又身体直立不动地钻回水里。这时看不见的银河水也会激起像蓝色焰火般的浪花。

“海豚算是鱼类吗？”女孩问康帕内拉。小男孩似乎已经累坏了，靠在椅背上熟睡。

“海豚不是鱼类，跟鲸一样都是哺乳动物。”康帕内拉回答。

“我看过鲸。”

“我也是。鲸只能看见头和黑色的尾巴。喷水的样子就跟书上写的一样。”

“鲸一定很大吧？”

“鲸很大呀。就连小鲸也跟海豚差不多大。”

“对呀，我在《天方夜谭》里有读到。”姐姐一边玩着手上的银戒指，一边兴味盎然地说着。

（康帕内拉，我要走了啦！我可没看过鲸啊。）

尽管乔万尼已经等得不耐烦，却紧咬着双唇默默地看着车窗外。窗外的银河分成了两道，河面上已看不见海豚的踪影。漆黑的小岛正中央搭有一座楼台，上面站着一个身穿宽袍、头戴红帽的男人。男人双手各举着红旗和蓝旗对着天空打信号。

乔万尼看到男人先是不断挥舞着红旗，然后放下红旗藏在背后，再高高举起蓝旗，像乐团指挥般用力挥舞。接着空中哗哗地响起了类似下雨的声音，一大片黑色物体就像炮弹般一阵又一阵地往银河对岸飞过去。为了看仔细，乔万尼不由自主地将半个身体探出了窗外。原来是成千上万只小鸟正一群又一群地发出急促的叫声飞过桔梗色的美丽夜空。

"小鸟飞过去了。"乔万尼在窗外说。

"在哪里，我要看。"康帕内拉也眺望着夜空。

这时站在楼台上身穿宽袍的男人突然又举起了红旗，像发了疯似的用力挥舞。接着，鸟群立刻停了下来不再前进，同时也听见从下游传来崩塌的轰然巨响，然后就陷入寂静。怎知不久之后，那个戴红帽的旗手又挥舞着蓝旗大喊："就是现在！候鸟们。就是现在！候鸟们。"

于是成千上万的候鸟群又开始笔直地朝向天空飞去。女孩的脸也从两人之间的窗口一起探出去，美丽的红颊充满光辉地仰望着天空。

"呀，好多候鸟哇。哎呀，那里真漂亮！"女孩对着乔万尼说话，但乔万尼只觉得对方不识相很讨厌，便闭紧嘴巴看着天空不回应。女孩轻轻叹了一口气，默默地坐回自己的位置。康帕内拉似乎很同情她，所以将头缩回车厢内，开始查看手上的地图。

"那个人是在指挥候鸟吗？"女孩轻声询问康帕内拉。

"他在打信号给候鸟群。一定是因为哪里正在放狼烟的关系吧。"

康帕内拉回答得不是很有信心。车厢内顿时陷入寂静。乔万尼也将头缩回来了，但因为脸暴露在明亮的地方而感觉不太自在，只好不发一语地站着吹口哨。

（为什么我会觉得这么难过呢？我的心胸必须变得更加开阔才行。对岸远方有如烟似雾的点点蓝火，看起来是那么静谧、冰冷。我应该好好学习让自己的心情也平静下来。）

乔万尼用双手按着自己烫得发痛的脸颊，凝视着远方。

（唉，为什么不管走到哪里就是没有人想跟我在一起呢？就连康帕内拉也跟那个女孩聊得很高兴，我真的好难过。）

乔万尼的眼眶中充满了泪水，感觉离银河越来越远，眼前只看到白茫茫的一片。

这时火车已逐渐驶离银河，正开在山崖上。对岸也是黑色的山崖，越往下游走地势就越高。不久之后隐约可以看见高大的玉米秆，在蜷曲的叶片层层包裹中略透露出冒出红穗如珍珠般的玉米。眼见数量越来越多，一大片排列在山崖和铁轨之间。当乔万尼被吸引不由得缩回头转而眺望对面的窗口时，放眼望去，直至美丽原野的地平线尽头，几乎都是随风摇曳轻摆的高大玉米秆。硕大的蜷曲叶片上沾满了露水，就像白天饱吸了阳光的金刚钻一样燃放出红红绿绿的光芒。

“那是玉米吧？”康帕内拉对着乔万尼问。但乔万尼的心情还是无法平复，便态度冷漠地看着原野回了一句：“应该是吧。”

这时火车的声音逐渐变小，经过几个号志灯和转辙器后，停靠在一个小车站里。

正面的白色钟面上明确显示出两点，风停了，火车也静止不动，在极其宁静的原野中只有规律的钟摆正确地履行报时的工作。

一如配合着钟摆声的节奏，从遥远的原野尽头微微传来如细丝般的旋律。

“那是《新世界交响曲》。”坐在对面的姐姐仿佛自言自语般看着他们轻声说。

整个车厢里的人们，包括那名一身黑色衣服的高大青年都沉浸在甜美的梦境中。

（即便身处在如此平静美好的地方，为什么我的心情还是愉快不起来呢？为什么就是觉得孤单寂寞呢？都怪康帕内拉太过分了。跟我一起搭火车，却又只跟那种女生聊天。我真的好难过。）

乔万尼用手遮住了半张脸，默默地凝视对向的车窗外。

一阵清澈如玻璃的笛声响起，火车又慢慢开动了。康帕内拉也百无聊赖地吹起《看星星》的口哨。

“没错，没错，从这里开始就是高原了。”后面传来老人家的说话声，声音洪亮得似乎才刚睡饱。

“说到玉米呀，得先用棍子挖两尺深的洞再播种，否则长不出来呀。”

“是呀，那从这里一直延续到河边应该种了很多玉米吧？”

“是呀，到河边大约宽两千英尺到六千英尺，简直就是宽阔的峡谷呀。”

乔万尼不由得想起：“对呀，那这里不就是科罗拉多高原了吗？”

姐姐让弟弟靠在自己的胸口睡觉，一双黑色的眼瞳则是茫然地看着远方，陷入了沉思。康帕内拉又孤单地吹起了口哨，有着像丝绢包裹着苹果般红润脸颊的小男孩看着乔万尼眺望的方向。

突然间看不见玉米了，眼前豁然展开的是一大片黑色原野。

从地平线传来的《新世界交响曲》越来越清晰了，一个头上插着白色羽毛、手臂和胸口装饰着许多石头的印第安人，举起一把小弓箭从黑漆漆的原野中奔出直往火车追来。

“啊！是印第安人。是印第安人。姐姐，你看！”

黑色衣服的青年也睁开了眼睛。

乔万尼和康帕内拉也站了起来。

“他跑过来了。哎呀！他跑过来了。他是在追我们的火车吧？”

“不，他不是在追我们的火车，应该是在打猎或是跳舞吧。”青年似乎已忘记身在何处，双手插进口袋站在那里回答。

的确，印第安人看起来有点像是在跳舞。因为以跑步来说，如果真有心追赶，脚步应该更简洁有力些才有效率。只见他头上的白羽毛一下子突然往前倾，接着印第安人马上停下脚步迅速对空拉弓放箭，一只鹤就这样从天而降。印第安人赶紧拔腿狂奔，那只鹤便掉入了他张开的双臂之中。印第安人高兴地站在原地大笑，之后他抱着鹤看着火车的身影渐渐远去而缩小。随着电线杆上的绝缘体接连闪亮两次之后，眼前又是一整片的玉米地。从身边的窗口往外看，会发现火车就开在高耸的山崖上，山谷下是宽阔明亮的银河。

“没错，接下来是下坡，因为火车待会儿会直接开到水面上。这可不是件容易的事！因为坡度很陡，所以不会有对向的车开过来。看吧！车速越来越快了吧！”刚才的老人又开口说话。

火车逐渐开始往下行驶。当铁轨沿着山崖边行走时就能瞥见明亮的河面。乔万尼的心情越来越开朗了。这时火车驶过一座小木屋，乔万尼看见孤单地站在小木屋前的小孩正望向这里，情不自禁地叫出声音。

火车继续往下开。车厢里的乘客都将身体半往后倒地抓紧椅子坐好。乔万尼忍不住和康帕内拉一起放声大笑。水流湍急的银河似乎已来到火车旁，不时会发出闪光奔流而过。微明的河边开满了抚子花。火车也恢复平静，放慢速度行驶。

银河两岸树立着画有星星和吊桥图案的旗子。

“那是什么旗子？”乔万尼终于开口说话。

“不知道呢。地图上也没写。不过那边好像停靠了一艘铁船，对吧？”

“没错。”

“会不会是在搭桥呢？”女孩说。

“啊！那是工兵旗啦。他们在做架桥演习，可是怎么都没有看到士兵呢？”

这时对岸靠近下游的地方，看不见的银河水闪闪发光地突然像柱子般蹿高，并发出轰然巨响。康帕内拉吓得跳起来惊呼：“爆炸了！爆炸了！”

水柱消失后，露出白色发亮腹部的大鲑鱼、大鳟鱼纷纷跳到半空中画个圈又钻回水中。乔万尼的心情也跟着雀跃，于是开玩笑说：“那是空中的工兵大队！你看，原来鳟鱼也能跳得这么高哇！我从来没有过这么愉快的旅行，真是太棒了！”

“近看那些鳟鱼，应该有这么大吧？水里面有好多鱼呀。”

“水里也有小鱼吧？”女孩凑上前来交谈。

“应该有吧。既然有大鱼就会有小鱼吧，但因为距离太远，所以现在看不到小鱼。”乔万尼的心情已变好，开心地笑着回答女孩。

“那一定是双子星座的宫殿！”小男孩突然手指着窗外大喊。

右手边的低缓山丘上并列着两座仿佛用水晶建造的宫殿。

“双子星座的宫殿，那是什么意思？”

“我以前常听妈妈提起。既然那两座小小的水晶宫殿排列在一起，肯定错不了的。”

“快说给我们听听！双子星座做了些什么事？”

“我也知道那个故事。双子星座到原野上玩耍，结果和乌鸦吵架了，对吧？”

“不是那样子的。其实是在银河边，妈妈是这么说的……”

“后来彗星发出‘咿咿呼咿咿呼’的声音飞过来。”

“讨厌，才不是那样，小正。那是别的故事啦。”

“所以是跑到那边吹笛子了，是吗？”

“是去海里了。”

“不对啦，已经从海里上岸了。”

“对对对。我知道了，我来说吧。”

银河对岸瞬间染成一片红色。

柳树之类的树木在亮光中留下黑色的剪影，看不见的银河波浪也不时闪烁出细针一般的红光。对岸的原野燃烧成一团红火球，浓烟弥漫几乎快将紫色的天空给熏黑了。燃烧的大火比红宝石还要红艳，也美得比锂[1]还令人陶醉。

“那是什么火呢？要烧什么才能烧出那么红的火光呢？”乔万尼问。

“那是蝎子火。”康帕内拉一边参照着地图一边回答。

“是吗？如果是蝎子火的话，那我知道哇。”

“蝎子火是什么东西？”乔万尼问。

“据说蝎子被火烧死后，火焰会永远燃烧。我听爸爸说过好多次。”

“蝎子不是一种虫吗？”

“是的，蝎子是虫，算是益虫。”

“蝎子才不是益虫。我在博物馆有看到泡在酒精里的标本。尾巴有类似这样的毒钩，老师说被蜇到就会死。”

“没错，但蝎子是益虫。那是我爸爸说的。从前在巴鲁多

1　银白色的锂在焰色反应中会[illegible]现出红色。

拉原野上有一只蝎子，靠着吃小虫等生物存活。有一天被黄鼠狼发现差点被吃掉，蝎子拼命逃跑，最后快要被抓住时，一不小心掉进了眼前的井里。蝎子试图爬出去却不成功，就在快要溺水时，他开始祈祷：‘啊，我过去不知道杀死了多少生命。如今为了摆脱黄鼠狼的毒手，尽管拼命逃跑却还是落到如此田地。唉！我真是没用。早知道就该乖乖地将自己献给黄鼠狼，这样的话黄鼠狼也能多活一天。神哪！请明察我的心意。不要舍弃这条卑微的生命，且用我的身体为大家造福吧。’结果蝎子的身体就开始燃烧成一团美丽的红火球照亮了夜空，直到现在还在继续燃烧。这是我爸爸说的。所以那团红火的确就是蝎子火。”

“对呀，你们看！那里的路标刚好排列成蝎子的形状呢。”

乔万尼在那团大火球的后方看见三个路标，就像蝎子的螯，另外五个路标就像蝎子勾起的尾巴一样排列着。美丽的红火也静悄悄地燃烧着，照亮了夜空。

随着红火逐渐往后移动，大家又开始听到难以言喻的各种热闹音乐声，闻到花草的香味，还能听到口哨声和嘈杂的人声。感觉附近就是城镇，而且可能正在举行祭典。

“半人马星座，请降下露水。”坐在乔万尼旁边原本睡着的小男孩突然望着对面的窗口大喊。

车窗外是棵圣诞树般的青翠云杉或枞树，枝叶间挂满了许多小灯泡，仿佛聚集了上千只萤火虫。

“啊，对了，今晚是半人马座祭典。”

“啊，这里是半人马座村。”康帕内拉立刻回应。

……

“投球的话，我绝对不会投歪掉！”小男孩很有自信地夸口。

“马上就是南十字星车站了，大家请做好下车的准备。”青年对大家宣布。

“我还想再坐一下火车。”小男孩说。

康帕内拉旁边的女孩赶紧起身准备下车，但她似乎不想跟乔万尼他们分手。

“我们得在这里下车才行。”青年低头看着嘟着嘴巴的小男孩说。

“我不要！我还想再坐一下火车嘛。”

乔万尼忍不住开口说：“那就跟我们一起继续搭火车吧。我们有一张哪里都能去的车票。”

“可是我们必须在这里下车才行。因为我们要从这里去天上。”女孩的语气有些感伤。

“不去天上又有什么关系呢！我的老师说过，我们必须在这里建立比天上更好的地方啊。”

“因为妈妈已经去天上了，而且神也在那里。”

“那样的神是骗人的神！”

“你的神是骗人的神！”

“才不是那样！”

“那你的神是什么样的神呢？”青年面带微笑问。

“我真的不清楚啦。但不管怎么说，真正的神只有一个。”

“真正的神当然只有一个。”

“是呀，不管怎么说，只有一个才是真正的神。”

“所以我也是那么说的呀。我们一起祈祷能在天上见到那位真正的神吧。”青年虔诚地双手交叠在一起。

女孩也跟着做了。大家不禁觉得离情依依，脸色也变得有些苍白。乔万尼差点就要哭出声音了。

“都准备好了吗？马上就是南十字星站了。”

就在这个时候，一个缀满了蓝色、橙黄色等各种彩光的十字架矗立在看不见的银河下游处，就像河中间冒出一棵闪闪发光的树，上面环绕着亮白的云霭，仿佛挂上了光圈似的。车厢内又引起一阵骚动，大家就跟之前看到北十字星时一样全都立正站好开始祈祷。就像孩子们吃到西瓜时发出的欢笑声，以及难以言喻的沉重悲叹声等此起彼落。随着十字架逐渐移动到车窗正面，也能看出宛如苹果肉的环状亮白云霭，其实只是缓缓地环绕在其四周而已。

“哈利路亚，哈利路亚。”众人欢声雷动，大家都从那遥远的空中、那冷冽天空的远处，听见清澈透亮的小号声传来。火车在许多的号志灯、电灯等灯光下放慢速度，最后停在十字架的正前方。

“来吧，我们下车了。”青年牵起小男孩的手，姐姐帮自己和弟弟套上围巾、拉整好衣服后，才开始往出口走去。

说："即便是在那个黑暗的破洞里，我也不害怕。为了寻找大家真正的幸福，不管是哪里，我们都一起携手并进吧！"

"嗯，我一定会的。啊，那个原野怎么那么漂亮？人们都集中在那里。那里应该就是真正的天上。啊！在那里的人是我妈妈呢。"康帕内拉突然手指着窗外远处的美丽原野大喊。

乔万尼也跟着看了过去，却只看到白茫茫的一片，完全看不见康帕内拉口中所描述的景象。

一种莫名其妙的伤感突然涌上心头，茫然地看着远方时，发现矗立在银河对岸的两根电线杆就像盘起来的双手一样，中间连着一根红色横木。

"康帕内拉，我们一起去吧。"乔万尼边说边回过头时，康帕内拉的座位上已看不见他，只剩下微微闪着黑色光泽的天鹅绒座椅。

乔万尼像子弹般弹跳起来，并将身体探出已听不到任何声音的车窗外，用力捶胸呐喊，扯着喉咙号啕大哭。

哭到周围完全都陷入黑暗之中时，乔万尼的背后传来那不时会听到宛如大提琴的温柔声音对他说："你在哭什么呢？

看着我。”

惊讶的乔万尼赶紧擦干眼泪看了过去，只见在康帕内拉的座位上坐着一个头戴大黑帽、脸色苍白而纤瘦的男人，脸上露出温煦的微笑，手上拿着一本书。

“你的朋友去哪里了呢？其实他已经去到很远的地方了。你已经找不到康帕内拉了。”

“啊！怎么会这样呢？我明明跟康帕内拉说好要一起继续往下走的。”

“是呀，大家也都是那么想的，可是却无法一直走下去。每个人都是康帕内拉。不管你遇到谁，他们都会一次又一次地和你一起吃苹果、搭火车。所以就像你刚才所想的一样，为了寻找众人真正的幸福，最好是早点跟大家一起去那里。你在那里就能跟康帕内拉永远在一起了。”

“我一定会那么做的。可是我要怎么做才能达成愿望呢？”

“我也很想实现愿望。你只要好好抓住自己的车票，然后还必须努力读书。你学过化学吧？知道水是由氧气和氢气所构成的？如今已没有人会怀疑这一点，因为通过实验就能证实。可是从前却有人说水是由水银和盐，或是由水银和硫黄所构成，说法不一。每个人都认为自己的神才是真正的神，但彼此也会为相信其他神的人们的所作所为而流泪。然后我们会开始争论自己的心是善还是恶，却又分不出胜负，没有定论。然而只要你能好好读书与实验，分辨出各种想法的真与伪；也就是说，只要能找到实验的方法，信仰就能变得跟化学一样。可是呢，你看一下这本书吧。这是地理和历史的词典，这本书的这一页上面写有公元前两千两百年的地理和历史。你仔细看清楚！上面写的并不是公元前两千两百年发生的事，而是公元前两千两百年时大家所认为的地理和历史。

“所以说这一页就相当于一本史地课本了。听好了！上面所写的内容，在公元前两千两百年时大多是真实的。只要去找就能找到许多证据。但是你要试着去细想到底什么才是真实的。接着看下一页。

“公元前一千年，不管是地理还是历史都有了大幅的变动吧。当时就是这样。你可不要一副难以置信的样子！即便是人类甚至是银河、火车或是历史，都各自有其感受。看看天空吧！跟着我一起让心情稍微平静下来，好吗？”

男人伸出一根指头静静地放了下来。于是乎乔万尼自己，或者该说是自己的想法，跟着火车、那名学者、银河一起发光又悄悄地熄灭，忽而亮起忽而消失。而且当其中一个亮起时，眼前就会展开一个宽广的世界，配上所有的历史。瞬间熄灭时，便消失无踪，不复出现。速度也越来越快，不久后就恢复成原来的样子。

“听好了！所以你的实验必须从这些片段的想法开始，最后做到融会贯通。这是一件困难的事，当然只能完成其中一段也没关系。你看！那是昴宿星团。你必须解开昴宿星团的锁链。”

这时漆黑的地平线那一头蹿起了白色的狼烟，就像旭日东升般，车厢里也整个明亮了起来。狼烟高挂在天空中继续发亮。

“啊，是麦哲伦星云。看来我也要为了我自己，为了我母亲，为了康帕内拉，为了大家去寻找真正的幸福了。”

乔万尼咬着嘴唇仰望着天空中的麦哲伦星云。为了最幸福的那个人！

“你要好好拿着自己的车票！你已经不是在梦中的铁道上，必须要迈开大步走向真实世界的烈焰与骇浪中。你绝对不能遗失掉那张银河中唯一的车票。”

乔万尼以为又听到了那个类似大提琴的声音，他看着银河变得遥远，风起了，而自己站立在蔓草丛生的山丘上，接着又听见布鲁卡尼罗博士从远处悄悄走过来的脚步声。

“谢谢你，我做了一个很棒的实验。我刚才想到要做一个实验，从这么安静的地方对着远处的人传达我的想法。你说的话我都写在我的记事本里了。你回去休息吧。你可以遵守梦中的决定，一路勇往直前。今后遇到任何问题随时都可以来找我商量。”

“我一定会一直向前走。我一定会找到真正的幸福。”乔万尼语气坚定地表示。

“好，再见。这是刚才的车票。”

博士将折起来的绿色纸张放进了乔万尼的口袋。然后他的身影就消失在法轮柱的另一头。

乔万尼直接走下了山丘。

他发现口袋变得很沉重，还发出碰撞的声响，于是在树林里停下脚步查看口袋。没想到那张在梦中看到的绿色银河车票里竟包着两枚金币。

“博士，谢谢你。妈妈，我马上就去拿鲜奶回家。”乔万尼高兴地大叫之后又开始拔腿狂奔。一时之间乔万尼的心中百感交集，那是有点悲伤却又好像说不清楚的心情。

天琴星座早已偏移到西方的天空，而且就像在梦境中一样移动着脚步。

乔万尼睁开了眼睛。原来他累得睡在山丘上的草丛里，觉得心头有股莫名的温热，脸颊上滑过两道冰冷的泪水。

乔万尼像弹簧般跳起来。小镇就在那条小路的下方，缀满了点点灯火。感觉上那些灯光似乎比刚才还要炽热。

梦境中走过的银河也还是跟之前看到的一样白茫茫的一片。南边漆黑的地平线上则是烟雾缭绕。右手边的天蝎座仍闪烁着美丽的红色星光。天空整体的星座排列似乎没什么变化。

乔万尼拔腿冲下山丘。因为他想起了还没吃晚饭正在等着他回去的妈妈。他穿越幽暗的松林，又绕过牧场的白色栅栏，来到入口处的阴暗牛舍前。好像有人才刚回来，因为多了一辆车停在那里，上面载着两个木桶。

“晚上好！”乔万尼大声打招呼。

“来了。”一个穿着白宽裤的男人立刻走了出来问，“有什么事吗？”

“今天的牛奶没有送到我家。”

“那真是不好意思！”对方立刻走进去拿了一瓶牛奶出来交给乔万尼说，“实在很抱歉！今天下午因为疏忽忘了关上小牛的栅栏，结果小牛立刻跑到母牛底下吸光了一大半的牛奶呀……”

男人说完后大笑。

“原来如此。那牛奶我拿回去了。”

“好的，真是不好意思呀。”

“没关系。”

乔万尼用两只手掌捧住还有些温热的牛奶，走出了牧场的栅栏。

他经过市区的林荫小路来到大马路上，走了一会儿遇到十字路口，右手边的尽头是刚才康帕内拉他们要去放水灯的河流，远远可以看见大桥的身影矗立在朦胧的夜空下。

每个十字路口的转角和店门口都聚集了约七八名妇女看着桥的方向正在议论纷纷。同时桥上面也出现了各式各样的灯火。

乔万尼不知道为什么胸口顿时凉了半截，赶紧冲上前，大声询问附近的人们:“发生什么事了?”

“有小孩落水了!”其中一人回答后，其他人便都不约而同看着乔万尼。乔万尼一心只知道往桥的方向奔去——桥上已站满了人，根本看不见水面。穿着白色制服的巡警也来了。

乔万尼从桥边跳到下面宽阔的河岸旁。

沿着河岸边有许多灯火上上下下地迅速移动着。对岸阴暗的堤防上也有七八个游移的灯火。中间是已不见任何王瓜水灯的灰色河流，静静地发出呜咽的流水声。

最下游处的沙洲聚集了黑压压的人群。乔万尼赶紧跑上前去，刚好遇上了刚才跟康帕内拉在一起的马鲁梭。马鲁梭跑过来跟乔万尼说话。

“乔万尼，康帕内拉掉进河里了。”

“为什么？什么时候？”

“都怪札内利在船上想把王瓜水灯推到靠近水流的地方，结果船身一晃，就落水了。于是康帕内拉立刻跳下去救他。札内利被推到船边，加藤一把就抓住了他，可是却看不见康帕内拉的身影。”

“那大家应该有去找吧？”

“嗯，大家很快都来了。康帕内拉的爸爸也来了。但还是没找到。札内利已经被带回家了。”

乔万尼往众人聚集的方向走去。康帕内拉的父亲（博士）身穿黑色衣服、脸色苍白、有着尖下巴，他被一群学生和镇民包围着站在那里，直盯着左手握着的手表。

大家都默默地看着河面，没有人开口说话。乔万尼的双脚不停地颤抖。许多捕鱼用的电石灯照过来又照过去，照亮了波光粼粼的流动水面。

巨大的银河倒映在下游的河面上，看起来就像是没有水的天空一样。

乔万尼深深觉得康帕内拉应该是身在银河的某个角落。

大家似乎都在暗自期待康帕内拉会突然冒出水面说“我游了好久的水呀”，或是看到他站在某个沙洲上等待有人来救援。突然间康帕内拉的父亲毅然决然地宣布：“我看是不行了。都已经落水超过四十五分钟了。”

乔万尼不由自主地冲到博士面前，原本打算说出“我知道康帕内拉的下落，因为我刚刚都跟康帕内拉在一起”，但整句话卡在喉咙里就是说不出口。博士还以为乔万尼是来跟他打声招呼的，只默默地看着乔万尼好一会儿，然后客气地表示：“你是乔万尼吧？今晚很感谢你也来关心。”

乔万尼无言以对，只能点头致意。

“你父亲回来了吗？”博士紧紧握着手表又开口问。

“还没有。”乔万尼轻轻地摇摇头。

“怎么会呢？我前天还收到他说他很好的来信，照理说今天应该会到才对。可能是船迟到了吧。乔万尼，明天放学后跟大家一起来我家玩吧。”博士边说边将视线移向映照出一大片银河的下游水面。

乔万尼心中百感交集，不知道该说些什么，默默地从博士身边离开。他想到得赶紧将牛奶拿回去给妈妈，并告知爸爸即将回来的消息，便加快脚步从河边往镇上的方向奔去。

你所不知道的宫泽贤治×吉卜力动画

还记得电影《千与千寻》最后那段场景吗？那是一列行驶于海原上的电车，载着千寻与无脸男前往钱婆婆家。在海原电车里，除了主角一行人之外的其他乘客看似寻常地移动、看报、到站下车，但他们的脸部黢黑、仅存身影，明明和千寻同处一个空间，却仿佛分属于不同世界。事实上，这段著名场景的灵感正来自于宫泽贤治的童话《银河铁道之夜》。在故事的最后，读者会发现银河铁道列车上的乘客们其实都是死者。同样地，海原电车里半透明身影的乘客，也都是没有肉体、只有灵魂的存在，从中可见这部动画受到宫泽贤治影响的痕迹。

宫泽贤治对日本知名动画制作团

队“吉卜力工作室”有很大的影响，工作室成员当中有许多人都是宫泽贤治的书迷，而吉卜力灵魂人物宫崎骏更是多次在访谈时表达自己对宫泽贤治的喜爱与崇敬。他曾说：“我不想创造无瑕的主角。”像是《风之谷》里杀了人却不掉一滴眼泪的公主娜乌西卡虽然屡遭抨击，但宫崎骏说：“因为是杀了人的人，因为是了解杀生之苦痛的人，所以更不该卑躬屈膝，而是承担着这样的苦痛活下去。这是我创造这名少女的价值所在。以为纯洁而不受污染才有价值，这是多么无聊的看法。满身泥泞、浑身是伤反而彰显其价值，这是我喜欢宫泽贤治的理由。”

除了《千与千寻》之外，1994 年由高畑勋执导的《百变狸猫》中，狸猫们吓唬工寮工人时执行的“双子星作战”便是出自童话《孪生之星》，其中使用的音乐和歌词则是直接取自宫泽贤治作词作曲的《巡星之歌》。2011 年宫崎骏之子宫崎吾朗执导的《虞美人盛开的山坡》在动画中朗读的新诗和众人合唱的校歌，也都是出自宫泽贤治未完成的诗作《寄予学生诸君》:“诸君啊，你们必须创造出更新更正确的时代！”而说到吉卜力便不得不提及的猫咪们更可见宫泽贤治的影响，其中最著名的莫过于《侧耳倾听》中女主角与猫男爵一同冒险的奇幻世界“依巴拉度”（イバラード），无论是创作概念还是命名皆可见宫泽贤治笔下理想乡“伊哈托布”（イーハトーブ）的影子。这些隐藏在吉卜力动画里的“贤治线索”，你发现了多少呢?

Miyazawa

Kenji

诗　歌

无惧风雨

尽管众人笑我痴傻

没有一句赞美

也不引以为苦

不怕雨

也不怕风

不怕下雪也不怕夏天的暑热

保有健康的身体

没有欲望

绝不嗔怒

总是静静地面带笑容

一天只吃四合糙米

味噌和一些蔬菜

对任何事情

先不要有个人成见

而是多听多看与理解

然后谨记在心

在原野松林的绿荫下

有我居住的小茅屋

如果东边有生病的小孩

就赶往探病

若是西边有疲惫的母亲

就前去帮她背稻秆

要是南方有垂死的人

就前去安抚要他莫害怕

假如北方发生争论或吵架

我会劝阻停止无谓的纷争

干旱时担心落泪

寒流来袭的夏日里仓皇踱步

尽管众人笑我痴傻

没有一句赞美

也不引以为苦

这就是

我所想要成为的人

春与修罗

啊　在光辉的四月底下

咬牙切齿　燃烧狂奔

我是独自一人的修罗

蔓草从内心世界的灰黑色钢铁

蹿向天空与云朵缠绕

荆棘丛、腐蚀的湿地

一整片一整片迂回曲折的图案

（比正午的管乐还要急促的

琥珀碎片从天而降时）

愤怒的苦楚与青涩

吐着口水　咬牙切齿

走在四月大气层的亮光下

我是独自一人的修罗

（风景在泪水中飘摇）

放眼望去云朵支离破碎

玲珑剔透的天上

穿梭着圣玻璃的风

丝柏　一整排的春天

用力深呼吸生命的元素

黑暗沉重的步伐

也曾在天山雪棱上闪耀过

（烟蔼迷离和白色反光）

真实的话语消失不再

云朵碎裂飘浮空中

啊　在光辉的四月底下

咬牙切齿　燃烧狂奔

我是独自一人的修罗

（玉髓般的云彩飞过

某处传来春鸟的鸣啭）

日光渐趋黯淡

修罗与树林交响和鸣

从倒扣的黑暗天碗

衍生出黑色的树林

悲伤地张扬着茂密的树枝
一切风景都变得重叠
死神森林的梢头
蹿飞出一只乌鸦
（大气逐渐清澄
桧树耸立参天）
是谁走过金黄色的草地
显然那是人影
那个披着蓑衣在看着我的农夫
可真能看见我吗
在这光辉耀眼的大气海底
（悲伤湛蓝深沉）
丝柏静静地摆动
又见飞鸟斩断天际
（这里没有真实的言语

修罗的泪水洒落一地）

重新仰望着天空呼吸

微白的肺叶收缩

（且让这身体在天空中飞散）

银杏树梢依然闪耀

丝柏　天色将暗

云烟下了点点火花

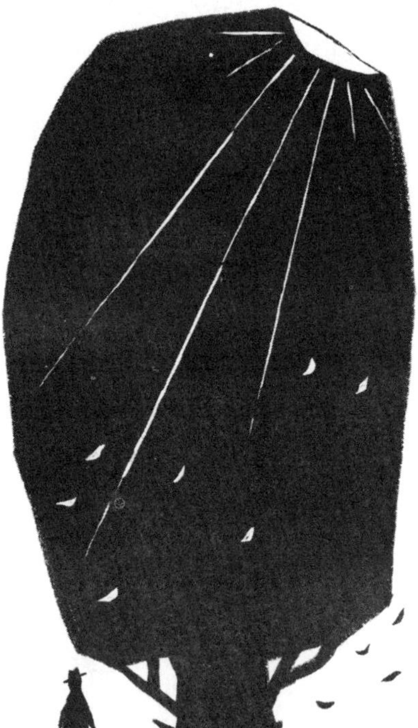

诀别的早晨

等我转世为人时

但愿下一次不要再为自己的事

受苦受难

我摇摇欲坠地站在上面

雪与水之间存在白色的分界线

从垂挂着透明冰凉水滴

光辉耀眼的松枝上

为我乖巧的妹妹

撷取人生最后的食物

在我们一起成长的期间

那只陶碗上熟悉的蓝色图案

你今日也将与之诀别

（我将自己一个人上天国了）

果真今日将与你分离了

啊　在那被封锁的病房里

在那阴暗的屏风和蚊帐中

轻柔燃烧着微微青光

我坚强的妹妹呀

我该如何挑选这些雨雪
因为到处都是纯白无瑕
从那可怕肆虐的天空里
竟降下如此美丽的白雪

　　（等我转世为人时
　　但愿下一次不要再为自己的事
　　受苦受难）

对着你要吃的这两碗雨雪
我衷心地祈祷
希望化成天上的冰激凌
作为你和大家的灵粮
我用一切的幸福为你祈祷

生命中最疼惜 却早逝的大妹敏子

1922年，与宫泽贤治感情甚笃的大妹敏子因肺结核病逝。为了纪念敏子之死，宫泽贤治创作了“无声恸哭”组诗五首，收录于自费出版的诗集《春与修罗》之中，而其中的第一首便是《诀别的早晨》。

宫泽贤治和敏子相差两岁，由于年龄相仿，他们成为彼此生命中最亲近的家人。少年时期，即使兄妹俩双双离乡背井求学，仍经常通过往来通信，互相加油打气。课余闲暇时，敏子会帮贤治誊稿，也曾陪同贤治前往日莲宗《法华经》读书会，在家族中，她是最早认同贤治信仰的人。对贤治而言，敏子不仅是他最疼爱的妹妹，更是理解他、与他拥有共同世界观的重要存在。

然而，病魔在敏子二十岁时向她袭来。1918 年 12 月，敏子因咯血紧急入院，经检查判定为肺结核。虽然在贤治与母亲的细心看护下曾一度好转，不久却又再度复发，四年多后逝世于自家别墅。敏子逝世当天，向贤治索要清澈的雨雪食用，贤治赶紧自庭院取了布满雨雪的松枝献给她。当她的脸颊触碰到松叶时，她开心地说："好像来到了森林，真是清爽！"这件让病危时的敏子感到开心的小事，成为贯穿《诀别的早晨》的中心诗句。敏子死后，哀伤不已的贤治将头塞进壁橱棉被里，用尽气力地哭泣。痛哭过后，贤治将敏子的头放在自己的膝盖上，轻轻地为她梳理一头黑色长发，无声地向此生唯一的灵魂伙伴进行最后一次告别。

敏子死后的半年左右，宫泽贤治几乎没有留下任何创作，想必是因为沉浸在对妹妹的深沉追念之中吧。

宫泽贤治文学小旅行

岩手花卷市·宫泽贤治故乡之旅

宫泽贤治出生于日本东北岩手县花卷市，除了青少年时期曾北上邻近的盛冈市求学之外，他一生中有一半以上的时间都在花卷度过。因此，在花卷街市巷弄间，随处可见他踩踏过的足迹。对许多花卷市市民而言，宫泽贤治也几乎成为花卷市的代名词。

前往花卷市的交通方式，主要是搭乘日本国营铁路 JR 釜石线，在花卷车站下车。JR 釜石线的前身为岩手轻便铁道，一般认为是《银河铁道之夜》的铁路原型，因此 JR 在进行铁路重整时融入了银河元素，将釜石线全面改造为一条“银河 Dream Line”，无论是标志、站牌还是站名别称，从车站开始便充满宫泽贤治趣味。

自 JR 花卷车站步行前往贤治老家，贤治生前任教的稗贯农学校（现改建为综合花卷病院），就读的花城小学校（现改建为市民体育馆），经常光顾的荞麦面店やぶ屋，竟都被包含在短短二十分钟的路途之中。宫泽贤治老家于昭和二十年（1945）花卷空袭中烧毁，目前在旧址上的宅邸是由贤治的弟弟宫泽清六于战后重新兴建的，至今仍由他的后人继承、居住。虽然老家并不开放参观，但附近的“贤治广场”则公开展示出现在宫泽贤治作品中与花卷市相关的自然风物、立体绘本与各式情报。和广场内的工作人员聊聊天，或许会了解到宫泽贤治的小秘密和市民私藏景点也说不定！

日本全国目前约有一百座与宫泽贤治相关的石碑，然而若说到“贤治诗碑”，一般指的就是位于花卷市的“无惧风雨诗碑”。这座诗碑建于昭和十一年（1936），由雕刻家高村光太郎亲笔写就刻成，是贤治诗碑中的第一座。每年9月21日宫泽贤治的忌日，诗碑前都会举办“贤治祭”，从下午到深夜不间断地演剧、朗读、舞蹈和歌唱，来自各地的书迷也会手捧鲜花、双手合十于诗碑前祭祷。若是旅程时间不够前往安葬宫泽贤治的身照寺，不妨就将诗碑当作贤治灵魂的寄宿之

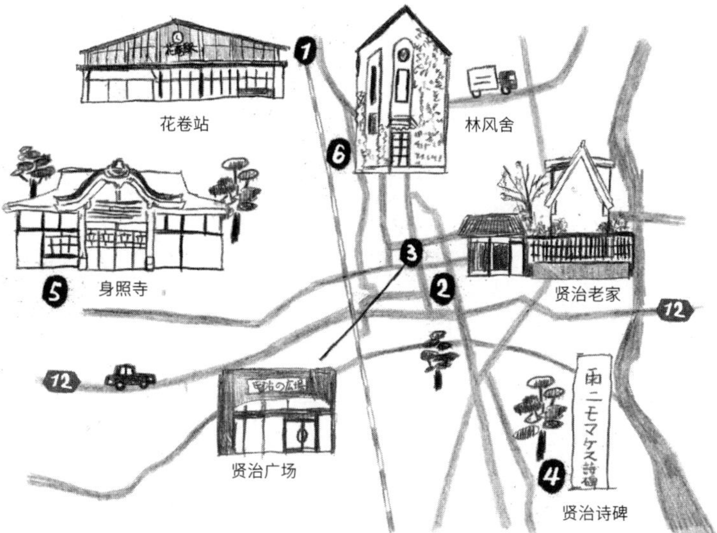

建议路线：

❶花卷站 → ❷贤治老家 → ❸贤治广场 →

❹贤治诗碑 → ❺身照寺 → ❻林风舍

所，来此“朝圣”一番。

离开花卷之前，别忘了到车站附近由宫泽清六的孙子所开的咖啡厅林风舍坐坐，一边喝着咖啡一边整理当日的旅行札记，最后顺便带个“贤治周边商品”回家留念吧！

伊哈托布·宫泽贤治童话世界之旅

伊哈托布，宫泽贤治以岩手县为底本虚构的童话世界，在花卷市被精致地重现。前往宫泽贤治童话世界的交通方式十分梦幻：JR铁路公司于2014年4月开始，以特定周末限定的方式运行名为“SL银河”的复古蒸汽型列车，从外形到内装都是仿照《银河铁道之夜》的列车设定，吸引许多铁道迷和贤治书迷的抢购。建议最好确认过空席和运行状况再出发，或是改搭“银河Dream Line”电车前往。

从花卷市搭乘“SL银河”列车来到新花卷车站，“伊哈托布花卷”的斗大字样随即映入眼帘，路边的弯月形指标稳妥地指出宫泽贤治童话村和纪念馆的方向。宫泽贤治童话村是将贤治笔下童话场景呈现出来的主题村，步上银河月台，走进童话村，就可以体验贤治描绘的魔幻世界。复刻《要求很多的餐厅》场景的山猫轩就坐落在前往纪念馆的坡道上，虽然门口的指示和童话中的如出一辙，不禁令人打了个寒战，但这里没有料理人肉的猫咪，请放心用餐。宫泽贤治的作品大多经过数次修改，不同的版本存留着他的思考轨迹，也为他的书迷提供如解谜般的阅读乐趣。纪念馆内陈列了大量未完成状态的手稿，以及各国译文书籍、生前用品、标本等，是最能够零距离贴近宫泽贤治本人的地方。

曾有人说过，要研究宫泽贤治得要开办一所大学才研究得完。宫泽贤治伊哈托布馆虽然规模不如学校，但作为“宫泽贤治学会伊哈托布中心”总部，这里收藏了大量与他相关的艺术作品和研究论文，也不定期地举办演讲和发表会等活动。因此，不妨走进来感受贤治文学的学术魅力吧！

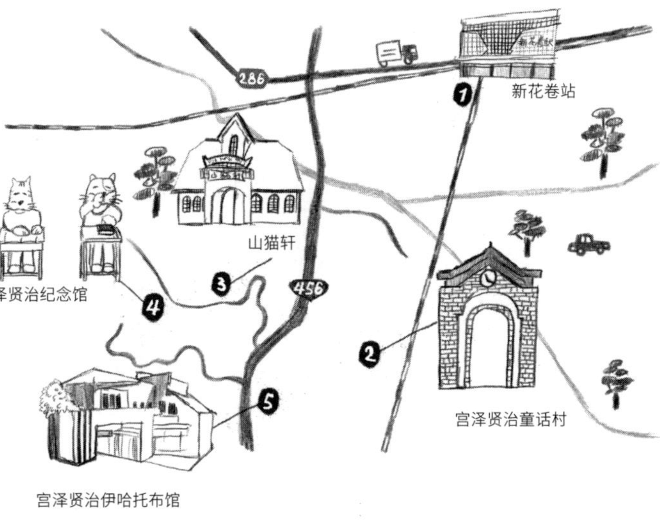

建议路线：

❶新花卷站 → ❷宫泽贤治童话村 → ❸山猫轩 →
❹宫泽贤治纪念馆 → ❺宫泽贤治伊哈托布馆

宫泽贤治小传
与重要作品年表

肩负社会使命降生的日本国民作家

1896年8月，宫泽贤治生于日本东北岩手县花卷市，宫泽家为当地望族，父亲宫泽正次郎经营当铺和旧衣店，家境富裕。在他出生前后，岩手县分别遭受震级大小超过七级以上的三陆地震与陆羽地震，给他的家乡带来严重破坏。

在如此人心不安的时代，身为长子的宫泽贤治却舍弃了平稳安逸的生活，立志成为一名“真正的农夫”而奋不顾身地投入社会活动与文学创作。因为厌恶弱肉强食的人世，所以选择吃素；因为相信当世上的所有人都幸福快乐时，个人才有真正的幸福快乐，所以他不辞辛劳，为了家乡农民的温饱鞠躬尽瘁。1933年，年仅三十七岁的宫泽贤治因积劳成疾辞世。

他的一生，仿佛肩负着燃烧自己、照亮众人的社会使命，就像他笔下体悟了生命价值而绽放出美丽磷火般蓝色光芒的夜鹰之星，直到今日，仍在夜空中持续燃烧。

✧ 二十三岁

1919 年

大正八年

◇——3月，与妹妹敏子一起返乡，协助家业。虽曾向父亲表达想在东京从事人造宝石事业，由于未获父亲许可而作罢。于稗贯郡立农业讲习所担任讲师。

✧ 二十四岁

1920 年

大正九年

◇——5月，自盛冈高等农林学校研究所毕业。

◇——10月，加入日莲宗国柱会。

✧ 二十五岁

1921 年

大正十年

○ 作品发表——

童话《过雪原》

◇——1月，前往东京，一边在出版社担任校对、撰文等业务，一边参与国柱会的街头传教活动，并在国柱会理事高知尾智耀的鼓励下积极创作童话。

◇——8月，接获大妹敏子咳血入院的消息，带着一只装着大量原稿的皮箱紧急返乡。

◇——12月，于郡立稗贯农学校（现花卷农学校）担任教职。于杂志上首度公开发表童话。

✧ 二十六岁

1922 年

大正十一年

○ 作品

童话《

诗《诀别

◇——收到

的五日元

收到的唯一

贯农学校

（至今仍为

同时开始创

◇——11

养中的大妹

为此深受打

出家念头，

别的早晨》

身体状
，与东
铃木东
同时着

三十五岁

1931 年

昭和六年

◇——2月，成为东北碎石场技师，主要业务为向农民推广能够改善土质的石灰肥料，并协助撰写文案。

◇——9月，在前往东京推销肥料途中因突然的高烧病倒，写下遗书。返乡疗养后仍不懈创作，11月3日在笔记本上写下《无惧风雨》。

三十六岁

1932 年

昭和七年

○ 作品发表——

童话《卜多力的一生》

◇——3月，于《儿童文学》发表童话《卜多力的一生》。

三十七岁

1933 年

昭和八年

◇——2月，开始陆续于《新诗论》《诗人时代》等杂志发表诗作。

◇——9月20日，病情恶化，但当晚仍坚持端坐着与前来求教的农民讨论肥料问题一个多小时。当晚委托弟弟清六将其作品公开发表。

◇——9月21日，病情急转直下，在交代父亲印刷一千本《妙法莲华经》分赠友人后，于当日下午一点半病逝。

◇——9月23日，下葬花卷町安净寺。

大方
sight